波浪理论新解

形态、时空、方向的数字密码

A NEW
INTERPRETATION
OF
WAVE
THEORY

The Digital Code of Form, Space-Time and Direction

王爽 ◎著

U0361172

机械工业出版社
China Machine Press

图书在版编目（CIP）数据

波浪理论新解：形态、时空、方向的数字密码/王爽著 . —北京：机械工业出版社，
2022.10（2025.6 重印）
ISBN 978-7-111-71753-9

I. ① 波… II. ① 王… III. ① 股票市场－市场分析 IV. ① F830.91

中国版本图书馆 CIP 数据核字（2022）第 185033 号

　　波浪理论是金融市场重要的技术分析工具，也是市场参与者十分流行的趋势分析手段。本书通过对波浪理论的进一步理解，深入探讨资产价格波动规律的成因以及规律，进一步完善了波浪理论这一技术分析流派，为金融市场人士提供了股票、商品国债等资产价格趋势分析、预判的重要工具。本书首先基于几十条假说归纳了市场波动的宏观原理，然后在此基础上总结出市场波动规律，再通过全球资本市场价格波动的历史数据进行验证，最终总结出市场波动的形态、空间、时间、方向维度的具体规律。

波浪理论新解：形态、时空、方向的数字密码

出版发行：机械工业出版社（北京市西城区百万庄大街 22 号　邮政编码：100037）
责任编辑：顾　煦　　　　　　　　　　　　　责任校对：张亚楠　王　延
印　　刷：河北虎彩印刷有限公司　　　　　　版　　次：2025 年 6 月第 1 版第 3 次印刷
开　　本：170mm×230mm　1/16　　　　　　印　　张：12.25
书　　号：ISBN 978-7-111-71753-9　　　　　定　　价：59.00 元

客服电话：（010）88361066　68326294

前　言

本书完善了波浪理论体系，发现并证实了金融市场资产价格波动规律的存在性，以及资产价格的可预测性。

笔者在数年前受到波浪理论的启发，开始对股市波动规律进行长期的跟踪研究，并著有《波浪理论实战新解：股市波动原理与规律》一书，并从形态内涵、形态规律等多个方面改造和升级了现有的以艾略特为主要创立者的波浪理论体系。在《波浪理论实战新解：股市波动原理与规律》的基础上，本书再次大量舍弃了艾略特波浪理论中多个自相矛盾的形态命名与解释，并在形态、时间、空间、方向上进行了完善与创新，已经基本完成了波浪理论体系的重新建构。本书的行文与章节设置更为紧凑、易读、合理，并且在表述中突出了波浪规律导出过程的逻辑以及内在机理。

⊖　该书已由机械工业出版社出版。

本书研究的对象是在以金融市场为代表的极大数量交易者市场中连续博弈行为所表现出的价格波动规律。在研究过程中,本书采取了"先归纳,后演绎,再验证"的研究方法。首先,本书基于几十条假说归纳了市场波动的宏观原理;然后,在此基础上演绎出几十条市场波动规律;最后,通过全球资本市场价格波动的历史数据进行验证。最终,通过几十条规律描绘出市场波动的形态、空间、时间、方向维度的具体规律。

研究发现,以股市为代表的金融市场是最具代表性的极大数量交易者市场,代表市场所有资金行为的股市指数呈现出既有重复性又具独特性,既能够预测又只能有限预测的波动规律。因此,本书的大多数案例是通过股市指数进行研究的,但这并不代表其他金融市场的资产价格没有规律,各类资产的规律性强弱差异将会在之后进行探讨。

对于股市波动原理的研究,现有主流学院派理论仍然受制于随机游走所指的"市场无法预测论"的束缚。在研究股市波动规律之前,必须解决的首要问题是:股市是否有规律以及为何有规律,如果股市遵循随机游走,那么本书的下篇"规律篇"便没有了意义,因此,本书在上篇"原理篇"中提出了资金行为假说、"不确定原理"假说、有限预测假说、透明市场假说、运行趋势假说、涨跌形态假说等 14 个环环相扣的假说,探讨了以股市为代表的金融市场波动规律的存在性、合理性。接下来,在下篇"规律篇"的探讨过程中,从形态、空间、时间、方向维度细分阐述了市场波动的规律。还要指出,本书所指的"金融市场波动规律"是一种客观存在的规律,这个规律不是发明创造出来的,而是笔者在长期的研究过程中逐步发现的客观存在。

无论是学院派还是实战派,主流声音认为以股市为代表的金融市场波动没有系统性的规律可循。学院派认为，股市的波动是随机游走，随机也就意味着股市的涨跌没有规律，股市作为强有效市场，其所有市场参与者理论上都应获得相同的收益。学术界虽然对随机游走提出质疑，却未能提出另一个令大多数人信服的理论来代替它。一部分实战派则认为，个股体现出主力资金控盘，散户只要能够看清主力意图，跟随主力买卖，就能够在股市之中赚钱；另一部分实战派则认为，技术分析能够预测市场，技术分析流派包括波浪理论、江恩理论、均线理论、K线组合理论等。近年来兴起的量化交易更是寄希望于用金融人工智能战胜市场。

技术分析最具代表性的成果应属艾略特创立的波浪理论。经过长期的发展，波浪理论已经成为判断金融市场趋势最主要的技术分析手段之一。但是，以波浪理论为代表的技术分析仅仅是对现有股市指数形态的初步描述，且仅凭直接观察所得的市场波动形态结论缺少理论依据，从而导致技术分析在大学讲堂中浅尝辄止，在实战领域也因为预测作用有限而为人诟病。量化交易在行动效率上远胜于人，以计算机、大数据为依托的量化交易的加入，让资本市场的投机、对冲、套利有了更多的手段。

技术分析、量化分析对股市规律的研究仍然局限在缺乏理论支撑的形态、数理统计层面，没有理论支撑的分析无法避免无源之水、无本之木的尴尬。尤其是量化分析，当你试图建立一个函数去预测股市时，这个函数就被固定下来了，这与股市下一步运行的位置概率由波函数决定相矛盾。应当从股市不可测的出发点来看待股市，不可测的趋势就像量子力学的不确定原理，可以假想，股市有一个包含所有信息的隐变量来引导趋势，这个隐变量不可观测，却包含了股市之中所有能够影响股市指数运动的因素。所以，如果以预测为出发点去做量化交易，就注定已经从出发点上出现了偏差。

物理学家海森堡说："数学把一切告诉世人，自然界之中没有什么事物是数学推理所不能描述的。"另一个物理学家玻尔则说："完备的物理解释应当绝对地高于数学形式体系。"本书认为，股市的理论体系应当能够从股市之中本身的现象及其内涵自我解释，这种解释应当是合乎逻辑的，即使这种逻辑难以被现有数学体系证实或者证伪。事实上，社会科学的宏观理论大多都难以被证实或者证伪，因为不可能去复制人类社会任何一次大规模的宏观活动，譬如某个时间段内的股市交易，但是，这并不妨碍社会科学理论的事实存在。股市波动原理与规律作为宏观理论，即使难以被重复实验观测所证实，也并不妨碍去无限地靠近真理，只要方向和逻辑是正确的。

以股市为代表的金融市场是否存在周期性、规律性的波动？从股市来讲，如果股市波动具有规律性，那么市场波动规律存在的原理是什么？市场波动又在遵循怎样的规律体系？需要指出，对于市场波动规律的研究是基于涵盖市场之中绝大部分活跃资金的股市指数的研究，而不是单只股票的研究，只有涵盖了绝大多数交易资金与交易者的股市指数才能代表"极大数量交易者的博弈"这一研究所要求的前提条件。

基于科学视角来讲，放眼全球股市周期性波动相关研究，主流学术观点认为股市遵循随机游走没有规律可循，因此股市规律性的原理也无从谈起。现有的研究既没有回答股市波动原理是什么，也没有回答股市波动的规律是什么，更没有解决原理与规律相互矛盾的状况。因此，本研究聚焦于回答三个科学问题：①股市波动是否有规律？②股市波动为什么有规律？③股市波动的规律是什么？

在上篇"原理篇"中，首先，通过资金行为假说、"不确定原理"假说，提出了以金融市场为代表的极大数量交易者博弈的市场运动内涵，类比量子力学之中粒子运动来阐释股市运动的特征。然后，通过有限预测假说解释了市场预测的边界范围，通过资金蓄水池假说、有效市场假说、透明市场假说等进一步描绘市场存在规律的多层次成因及其表现形式。最后，通过运行趋势假说、涨跌形态假说构建出市场运行的基础形态，并通过空间优先假说、跳跃－连续假说、涨跌方向假说、斐波那契比例假说、啤酒与泡沫假说来展示空间、时间、方向维度上形态关系的深层次逻辑。在下篇"规律篇"中，通过形态、空间、时间、方向章节更加系统、定量、互补地阐述了整个市场波动的细节规律，构建了完备的市场波动原理与规律体系。

从理论意义来讲，首先，本研究发现了股市波动周期性规律的内在影响因素，诠释了股市波动规律的成因是极大数量交易者导致的稳定资金博弈。其次，提出股市波动存在符合量子力学不确定原理框架下的有限预测特征，为股市波动规律的科学存在提供了理论比较。再次，基于合理的演绎过程，提出市场波动的上涨、下跌、横盘三种趋势，上涨一波、三波、五波以及下跌三波四种形态，勾绘出初步的市场运行模式。然后，基于以上理论假说，通过大量数据的验证，发现了市场波动形态、空间、时间、方向多个维度的内在演化机理，对随机游走假说提出了合理性的质疑与挑战。最后，这也将推动基于随机游走假说的资产估值理论、衍生品定价理论的优化与创新。

需要指出，本书所指的金融市场波动规律有其适用条件与适用范围，其中关键的条件便是"极大数量交易者的博弈"，其内涵在于不能有极个别市场主体有能力过度影响整个市场的运行，这种影响包括市场信息、市场定价、市场规则等，因此，股市指数是最符合本书所指的"市场波动规律"的载体。另外，市场信息透明、市场供需分散、市场交易活跃的大宗商品市场也基本符合本书所指的"市场波动规律"。但是，大部分债券、外汇产品由于发行主体的特殊性，并不符合本书所指的"市场波动规律"的前提，因此并不存在显著的规律性。

本书可作为经济学、金融学、金融工程相关专业的高年级本科生、研究生的教材，也可作为证券、基金、私募等专业投资人士以及广大金融市场参与者的参考用书。

借此机会，衷心感谢浙江万里学院 2019 年引进博士科研启动项目以及浙江万里学院 2020 年专著出版资助项目的经费支持。

目　　录

前言

上篇　原理篇

下篇 规律篇

第2章 形态与形态组合 41

第3章 形态的空间比例 61

上 篇

原 理 篇

第 1 章

市场波动的原理

本章可以大致分为两部分，从 1.1 节到 1.7 节是在探讨以金融市场为代表的极大数量交易者市场是否有规律，以及这个规律为何存在；从 1.8 节到 1.14 节是在探讨市场波动的规律轮廓与基础形态。这些假说发轫于归纳，发展于演绎，最终形成了市场波动规律的原理性解释。

1.1 资金行为假说

股市指数存在规律的一个根本原因，就是在一个较短的时间内，股市交易的参与资金是稳定且连续变化的。在股市所依存的政治、经济、社会基本面没有发生重大、非预期变化（譬如战争、自然灾害等）的情形下，股市的活跃交易资金水平（证券交易结算资金、融资融券担保资金等）应当以相对平稳、缓慢的方式变化，不会有大起大落。

股市是由资金参与某只股票才得以推动股价向上的，也是由资金撤出某只股票导致股价下跌的。同样地，反映市场所有股票或者部分权重股票交易情况的股票指数也是由资金进出力量的强弱对比形成上涨或者下跌方向的。因此，资金的平滑变化是保证股市存在规律性的原因。可以想象，一个存量交易资金过度大起大落的市场，或者在某个交易主体的资金量在市场之中所占比例过大的情况下，这个市场将被其轻松控制。现实的主流股市有这种情况吗？答案是没有。股市的总市值相对于游弋于市场之中的存量资金要大得多，而且仅就存量资金的整体规模而言，其相对于任何组织和个人也都太过巨大，更不用说股市的总市值与每个交易主体的资金对比，由此可见，任何交易主体的资金都难以主导市场涨跌。当然，大资金在一个短时间内影响个股甚至指数走势这样的事情在一些特殊条件下会发生，虽然这种短期操纵市场的行为是监管者所不允许的。事实上，资金操纵一只股票是可能的，尤其是流通股较少、换手率较低的股票，但是个别交易主体在较长时间内操纵整个股市指数走势的情况一定不可能发生。

股市指数难以被操控还有一个重要原因，那就是它们是由成百上千只股票组成的，并且这些股票的交易行为是由千千万万个分散在世界各地、相互没有或很少存在信息交流的交易者做出的。这些交易者心里清楚，股市本身就存在博弈行为，只有少数人能够赚钱，因此，越是那些控制较大资金的基金和个人越不愿意透露其真实的交易动机，甚至自身的投资计划也会在短期内改变。这就使得市场中所有交易者的交易行为呈现出自由决策、分散决策的群体博弈属性。

股市中每个交易者的交易资金、交易行为有其稳定、独立的特征，这种稳定表现在交易资金、交易时间、仓位、止损、止盈等各个交易层面，并且市场交易人数也在短时间内相对稳定，这些因素的叠加最终形成了整个市场的资金、行为的稳定性。这就是以股市为代表的金融市场资产价格波动能够呈现出规律性的根本原因。

1.2 "不确定原理"假说

把研究股市原理的视角转移到量子力学完全是机缘巧合。在一个研究金融人工智能的偶然契机下，笔者看到了量子计算与人工智能的关系，又从量子计算了解到了量子力学。在量子力学中，有一个海森堡不确定原理（uncertainty principle），其主要观点包括：①粒子间作用力是由于不连续的能量交换而产生的；②不同作用力的产生来自不同粒子的能量交换；③永远无法同时测定粒子的速度及其位置。这不就是对于股市指数运动及其内在逻辑的描述吗？股市是极大数量个体之间资金的交换，如果把资金看作能量，这种能量交换的结果决定了股票上涨或者下跌的方向，但是这个方向及其幅度并不是绝对确定的，而是一个有关时间与空间的函数，在量子力学中被称为波函数，波函数决定了在某一时刻某一空间粒子到达的概率，波函数对整个空间积分，应得出粒子在空间各点出现的概率之和等于1。把海森堡不确定原理与股市进行关联的意义在于，股市指数处在当下时空位置之后的所有运行点位的可能性应当看作无数个概率选择，而不是一个必然出现的结果。

从类比的角度来讲，股市指数可以看成是单一的粒子运动。从量子力学的角度来讲，在量子世界中的粒子应当沿着一条连续轨迹运动，只是这条轨迹不是由宏观世界的牛顿经典力学所指的"力"来决定的，而是由波函数来引导的。波函数通过提供有关整个环境的信息来引导粒子运动，正是它的存在导致了微观粒子不同于宏观物体并呈现出随机运动。尽管它存在轨迹，却是一条永远不可被完全预测的轨迹，粒子下一步的位置和速度原则上都是不可预知的，波函数模的平方对应的是微观粒子在时间与空间的某处出现的概率密度。波函数不会明确地指出粒子在下个瞬间以什么样的路径到达哪个点位，而是列举出所有到达各点的概率分布，一个粒子下一刻出现在何处，以什么样的路径到达，这些是不可预知的，也就是说，粒子下一步的位置并不是确定的，而是随机的。

在这里必须表明一个观点，那就是可以将股市指数的运动比作一个粒子的运动，其具有随机性、不可测性，但决定其运动方式的并不是一个固定不变的波函数，而是不停变化着的波函数。在量子力学领域，有一个理论观点是，当你观测到一个粒子的运动之后，其当下位置的波函数将会坍缩失效。在股市之中也一样，当你观测到某只股票的股价或者某个股市指数后，其上一瞬间有关时空位置概率的波函数就会坍缩失效，新的波函数将会替代旧的波函数。爱因斯坦曾说，"上帝不会掷骰子"，以此来表示其对量子世界随机结果的怀疑。但本书认为，无论是粒子运动还是股市指数运动，不但到达的终点是随机的，到达终点的路径也是随机的。这里所说的随机，并不是完全漫无目的的运动，而是在另一种微观世界能量守恒的前提下相关粒子间的能量交换、相互影响的过程，这个过程对于任何粒子来讲看似是随机的，但又可以说在随机过程中蕴含着必然，作为个体的每个粒子都摆脱不了其作为整个大环境一部分的影响。也就是说，粒子运动的过程既受到环境的影响，又反过来同时影响环境。这就像股市一样，指数是整个股市环境作用的结果，同时其又在影响、引导股市中所有股票交易的整个环境。

如果股市运动的波函数这个概念你感觉有些难以理解，你可以想象波函数其实就是一个有关时间、空间、概率的三维矩阵，在这个矩阵当中，粒子在某一时间出现在某一空间位置的概率是确定的、唯一的。当然你也可以把它想象成横轴是时间位置，纵轴是空间位置及其概率的二维矩阵，在任意时间点，股市指数都会有一个唯一对应的时空概率矩阵，这个矩阵展示了站在当下的时间与空间，未来任意时间点中股市指数可能到达的位置及其概率。其中时间与空间的位置可能性都是无限的，但有些位置的可能性更高，而有些位置的可能性较低，这由位置相对应的概率来决定。在这个矩阵坍缩之前，也就是其生效的那一个瞬间，与其相邻的较为接近的有限时间范围内，其空间位置的选择性也相对有限。因此，在相对有限的时间范围之中，股市指数位置的大概率可选择性也会更加集中，从这里你也可以推导出一个非常重要的股市原理，那就是股市的短期预测要比长期预测更为精确可靠。当然，并不是说离当下越近的时间越容易预测，预测股市下一分钟的涨跌并不比预测股市指数今年年底的点位要轻松。

从统计出发的量化分析来讲，很多量化交易者用函数去拟合股票历史数据，期望发现历史数据中的规律并以此来预测股市，也有加入心理变量结合市场波动进行研究的。但本书认为，基于函数拟合的量化分析本质上与牛顿经典力学之中的"力"颇为相似，它们都有明确的方向与强度，并且从系统建立的一开始就能预测之后任意时间点的运动状态。现有金融领域量化交易的根本问题在于运用统计学方法，把股市当作一个确定不变的函数规律去研究，以为股市不过就是许多因子作用下形成的函数曲线，期望使用宏观数据去解释微观状态。然而，宏观数据并不能覆盖市场中所有会影响股市走势的因子，当你没有足够的数据信息建立函数模型时，你的预测当然不可能是正确的。即使你拿到了所有的数据，你也不能通过建立函数模型得到一劳永逸的股市预测方法，股市的内在机制类似于量子力学而不是经典力学。

有人或许会认为得出一套冗长的数学模型或者复杂公式，就能够完全解决股市指数预测的问题了，其实不然。量子力学确实在某些方面和股市有着相似之处，但市场波动的原理并不完全是量子力学，两者当然不能画上等号。量子力学更重要的是启发人们应当从怎样的视角去看待股市，而不是让人们生搬硬套物理学、数学的方法去预测资产价格的走势。

量子力学是揭开股市奥秘的一扇窗户，但并不是一扇大门。你希望推开量子力学这扇窗走到股市规律的道路上，无异于从二楼窗户上纵身跃下，其后果可想而知。那么，揭开股市奥秘的大门究竟在哪里？其实，用量子力学波函数的思想去看待股市在任何一个时空点位之后，股市走势都应当是一个概率问题，只是从某一个时间点向后看，有的位置到达的可能性高，有的位置到达的可能性低而已。没错，量子力学只能给股市下一步走势提供一个时空概率的矩阵，其为股市波动的终极原理，而股市波动规律是基本上与量子力学无关的另一套体系在发生作用。当然，无论是量子力学还是经典力学都不能帮助人们直接预测股市，但是量子力学为人们预测股市提供了一个重要启发，它像灯塔一般引领人们向正确的方向前行。只有深刻理解了资产价格的运动路径是不确定的时空概率这一本质，才能成功建立股市预测的体系和方法。

1.3 有限预测假说

在上涨的过程中，资金是推动股价向上的原因。上涨三波或者五波形态的形成过程应当是市场中所有能够动用的资金所形成"合力"的运动轨迹。但是，这个合力与牛顿经典力学之中的"力"的概念完全不同，其并不是一开始就有确定的大小、方向与作用距离的力，而是根据环境的变化，这个力的大小、方向与作用距离均会在一定范围内有明显的变化。正如前文所述，股市运动的特性与量子力学密不可分。量子世界的能量是守恒的吗？同样的能量作用于粒子，粒子的最终位置看似并不是固定的，而是随机的，因为其某个时间出现在某个空间的位置遵循波函数的指引。虽然粒子被做功后的动能会出现无数种不同的结果，粒子看似出现了不同的动能状态，但是，有些能量并不是凭空消失了，而是再次转化成为另一种新的能量状态，或许可以称之为微观世界的势能。

从股市的角度来讲，如果把资金当作一种能量，有限资金的总能量输出不会产生变化，在一个确定的资金总量的前提下，资金进场速度、方式、时间的不同虽然会导致指数运行点位的显著差异，但是，在同样的初始能量下，能量释放过程的差异仅仅会导致所释放出的能量表现形式不同，一些能量以势能的状态储存了起来。股市的势能以怎样的方式存储呢？本书认为，筹码的收敛就是答案。举一个例子就能表示股市也是有其动能和势能的。当指数横盘整理时，往往是下一个快速上涨的前兆，当上涨开始时，势能转化为动能被释放了。同样的能量能够产生的水平动能差异一定是有一个范围的，这个范围的上限与下限应当不会出现较大的倍数关系，大致在 0 ～ 3 倍，这是因为 3 倍是股市波动规律中出现的比例上限。

从股市波动规律之间的内在关系来讲，它们原则上是共生的、系统的、包容的。但是，并没有绝对唯一的股市预测结果，运用本书规律所推导出的不同预测结果不过是出现概率的大小不同。

有限预测还表现为另一个视角，在很小的时间级别之中，波浪体系失效。当某个分钟或者小时 K 线时间级别的波浪失效时，这表明需要在更大的 K 线时间级别去解读此波浪，这也意味着形态的级别会更大。

当你阅读完本书几十条股市波动规律后，你会对这些规律之间的联系有着更为深刻的理解，也会对一些貌似冲突但实则互补的规律有着更为深刻的认识。事实上，各个规律之间并不冲突，只是在一定条件下，不同情形推导出的预测结果会有所不同，这些结果出现的概率各不相同。股市下一瞬间的走势由一个波函数也就是时空概率矩阵来决定。请注意，不要把一个确定的波函数本身当作股市时间与空间的概率函数，无论是波函数还是时空概率矩阵，其每时每刻都必然发生微小的、连续的变化。

能量守恒存在于股市，但是从中长期来看，股市之中的能量也就是资金水平一定是变化的。那么，短期趋势与长期趋势哪个更容易预测成功？这里的回答是，一个稳定的股市指数的未来走势是一个时空概率集合，一方面，短期市场波动确实难以预测，这里的短期是指日级别以下的小时级别、分钟级别，资产价格在这样的时间单位之内确实接近随机游走运动。另一方面，更大的周期由于存在更大的时空概率矩阵所导致的更广阔的时空可能性关系，会造成过远的未来难以被有效地预测。因此，一个确定的股市在特定条件下存在一个最优的预测周期，这个周期不能太小也不能太大。最优预测周期根据不同股市、不同背景条件而有所不同。从预测的时间下限来讲，在中国股市中，日以下级别的短期趋势难以预测，而在欧美股市中，周以下级别的短期趋势难以预测，为何有如此差异呢？原因之一就是中国股市领先全球的换手率导致股市波动周期短于国外股市。从预测的时间上限来讲，所有股市都会在年以上级别的长期趋势上难以预测。本书并不认为预测明年甚至数年后股市将到达某个点位有任何意义，因为过长的周期会导致时空概率矩阵过大，从而出现太多的备选可能性。

1.4 资金蓄水池假说

前文阐述了这样一个观点，那就是股市中的资金是相对稳定的，这就意味着在一个中短周期内，股市的存量资金是有限的。这就导致股市指数到达某个相对高点后，必定会由于没有场外资金进入而到达牛市顶点，并同时开启熊市下跌周期。

纵览全球，各国股市的牛市和熊市时间拐点越来越趋于同步，这得益于几十年来经济全球化、信息全球化、资金全球化的发展趋势，使得各个国家经济周期越来越趋于一致的步调。世界各国经济相互依赖性越来越高，信息能够通过网络第一时间传递到世界上所有交易者手中，资金在全球各个市场中的流动越来越自由。因此，全球各国每个流动性良好的股市，都可以看作相互连通的资金蓄水池，每个国家的股票交易所、产业板块、股票就是更小的资金蓄水池。资金不但在各个股票之间流动，而且会跨越国界在全球范围内流动。

不过，单一股票价格的波动大概率难以呈现出规律性，这是因为同属一个国家的交易所内部个股之间的资金流动过于频繁，并且个股交易未必满足极大数量交易者、分散交易者的特征。上文提到，只有稳定的资金才会呈现出股市的规律性，股市指数可以被看作一个稳定的资金蓄水池，股市交易者在加仓一只股票的同时只能减仓另一只股票，这导致股市存量资金稳定地连续变化。因此，可以把一个国家的股市看作一个统一的市场，有限且稳定的资金在这个市场中游走。其中各只股票虽然也是一个个小的资金蓄水池，但各只股票之间相连的管道却十分通畅，这导致炒作个股的资金常常过快地进出，缺乏稳定的连续变化。此外，股市指数波动规律的前提是必须基于大量独立决策的个体做出的交易行为，个股由于受到大股东、游资以及公司突发经营状况的影响，并不能满足波动规律性所要求的基本条件，因此难以如股市指数一样表现出精确的规律性。

无论牛市还是熊市，股市指数都会有涨跌极限。牛市的顶部表现为现有场内资金已经不能或不愿使整体股价、指数在更高的价格上成交，此时不愿持股的交易者唯有降低价格才能将筹码出手换回资金，而由于有印花税、佣金等交易成本的存在，持有资金的交易者此时也无力以同样的价格买回股票，这导致股价见顶并走出下跌趋势。因此，牛市的顶部是由资金决定的。熊市的底部是指股票持有者即使愿意在更低的价格抛出股票，也仍然会有资金以不低于此价格的报价吸筹，或者说已经没有股票筹码持有者愿意以更低的价格卖出股票，即使资金仍然不愿意进场买入。因此，熊市的底部是由情绪决定的。总之，牛市的上涨过程是一个看涨资金不断涌入且资金力量不断放大的过程，在牛市顶部则表现为资金力竭。熊市下跌过程是资金力竭之后的恐慌性筹码抛售，在下跌过程中虽然有少量资金仍在承接抛盘，但这种资金转换为筹码后，恰恰成为之后筹码抛出的力量之一。

1.5　有效市场假说

有效市场假说认为，一切有价值的信息已经充分地体现在证券价格走势当中，其中包括企业当前和未来的价值，投资者不可能通过分析以往价格获得高于市场平均水平的超额利润。如果市场是强有效市场，那么证券价格将完全反映一切公开的和非公开的信息。投资者即使掌握内幕信息也无法获得额外盈利，任何投资者只能获得相同的收益水平，市场中不存在价值被高估或者低估的证券，证券分析将变得毫无意义。

有效市场假说否定了技术分析、基本面分析等一切证券分析的价值，并坚持市场交易者的极端理性化。有效市场假说在理论界获得的赞同的声音与不赞同的声音几乎一样多。科学的最高价值在于发现而不是发明。从现实出发去构建理论，现实是什么，就把它描述成什么。对于所有理论，对和错并不是绝对意义上的划分，只是其适用范围有边界，概念和理论的构建更不是学习和探索的目的，应当带着批判的态度接受和吸纳其中的养分，并对其中可改造的内容加以修正和提升。

笔者认为，有效市场只能被认为部分有效或者近似有效，因为那些努力发现证券价值并且获得高于市场组合回报的投资人确实存在，必须从现实出发来探讨理论的实用性边界。当然，有效市场的思想总体来讲并不能算真正错误，而应该被解读或者说修正为另一种解释，那就是市场能够自动纠正价值被低估或者高估的证券，这种纠正是基于市场中有部分人准确预测到了市场的趋势，这种趋势或许只能由极少数人发现，并且无论是通过技术分析、基本面分析还是内幕消息，有一小部分人的确能够领跑市场并在市场做出反应之前做出正确的判断。有效市场对市场的波动视而不见，并否定一部分人努力进行投资分析获得高于市场回报的现实，而这正是有效市场假说被人诟病的重要两点。

有效市场假说的价值在于提出了市场对证券价格的自动修复功能，这是完全正确的，但是，这种"自动"修复并不是一瞬间完成的，而是一个漫长的过程，这种修复过程一定是由少数人发起，并逐渐得到更多人认同的结果。有效市场假说选择性地忽略了这个过程，没有看到市场之中个体投资者的努力。正是由于一部分先知先觉者凭借正确的分析、消息甚至是运气押对了市场的趋势，才使得市场成为有效市场，有效市场不是市场参与者什么都不做就能得来的，而是当存在不合理的估值和定价时，市场参与者自发用资金投票导致的价格趋势形成。

如果说传统的有效市场假说承认了证券价格终将会维持一个合理的估值，那么它就不应否认这个合理估值的形成过程，有效市场是一种理想状态，而真实的市场在大部分时间里并不能达到一个理想状态，或者说真实的市场大部分时间都不是一个有效市场，而是一个时时刻刻在自我修正的市场。社会科学之所以与自然科学不同，是因为社会科学存在"人"这样一个变量，这个变量把非理性计入因果关系的运行，导致市场的不确定性，这也是传统的有效市场假说只能存在于概念而不是现实之中的原因。

1.6　技术分析假说

基本面分析、技术分析已经有大量的方法来帮助投资者做出投资决策。虽然基本面分析、技术分析谁应该作为主导的争议不断，但是两者并不矛盾。

从习惯上来讲，基本面信息包含国内生产总值（GDP）、生产价格指数（PPI）、采购经理人指数（PMI）、消费价格指数（CPI）等宏观经济数据；对于微观行业来讲，基本面信息又包括了行业、企业的数据，这些数据经常被用来判断企业经营状况，其中有市盈率（PE）、资产收益率（ROA）、股本回报率（ROE）等，但是，基本面判断的一个弱点是你无法知晓市场上所有的基本面信息，并且你也无法科学地设定所有存在于市场中的信息的权重强弱。事实上，基本面信息所提供的数据何尝不是一种技术分析呢？这种数据看似中立，但也是人们靠着经验提炼出来的一种指标。

技术分析也分为多种方式，可以归纳为图表派以及指标派，图表派是基于市场时间为横轴、价格为纵轴的运行轨迹图，其中包括 K 线组合理论、波浪理论、缠论等中外学者的长期研究。指标派是根据时间－价格关系得出的图表信息衍生指标，比较流行的包括均线、布林线、平滑异同移动平均线（MACD）、随机指标（KDJ）、相对强弱指标（RSI）等。但是，技术分析的数据基础均来源于市场的时间－价格关系。

基于市场中时间－价格关系的数据又代表着什么呢？时间－价格图代表着市场所有基本面信息对市场趋势的所有影响，这种影响通过市场不间断交易体现出交易者对市场趋势的集体判断，在这个过程中，所有交易者独立决策，既受到环境信息的影响，又影响着整个环境。以上陈述的成立是技术分析存在意义和价值的基本保证。

基本面分析、技术分析并不矛盾，两者都为投资决策提供了重要的参考信息，一个更加广义的"基本面"信息决定了技术面信息所依存的时间－价格图信息，以及通过时间－价格图衍生出的更加复杂的技术分析指标。因此，从广义上说，基本面信息为技术面信息带来了有意义的市场信息，这些信息导致市场向前波动，而技术面信息所表现出的时间－价格图又是对不易获取的所有基本面信息最全面的诠释，两者本质上是一致、同源的。

1.7 透明市场假说

从对全球主要股市长期的观察来看，没有任何所谓突发事件打破过股市波动的规律，这依赖于市场对信息的公开以及交易者对信息的充分解读，几乎所有被认为是重大突发事件的情形，其日级别以上的形态都没能影响趋势的运行规律以及方向。

没有任何突发事件曾真正改变、打破过市场原有的规律性进程，这是因为波动形态本身就是对所有历史、当下、未来信息的动态反映。对信息的吸收越充分，即信息透明度越高的市场，其越符合市场波动的规律性。

但是，仅靠所谓基本面、消息面还是无法解释市场精确的运行规则体系，市场在极大数量交易者博弈的基础上，受到基本面和消息面引导的资金、筹码交换导致资产价格涨落。

市场总能在一年甚至半年内大幅涨跌，这是因为市场的基本面在短短半年内发生了翻天覆地的变化吗？并不是。基本面驱动着市场涨跌，基本面只是涨跌的一个重要因素，消息面起到了锚定形态趋势的催化剂的作用，市场的涨跌就是集体博弈的游戏，在这个游戏中，基本面、消息面仅仅是这个波动趋势运行的两个看似正确的借口而已。进一步讲，为什么每到关键点都会有关键事件发生？因为在那些时刻，上涨或下跌力量的不足已经导致市场观望，只要市场有风吹草动，以及大家都认可的上涨或者下跌的理由，市场就会立刻配合消息，启动一波上涨或下跌的行情。因此，每到拐点总是感到有大事发生，只不过是一种集体错觉而已。即使消息面常常匹配时间拐点，但是，没有一个所谓的突发消息、事件能够真正在日级别以上去操纵、改变、影响市场波动的内在规则，市场在任何时间都仿佛只需遵循自己的规则上下运行。

股市波动中的大拐点有时会伴随大的事件驱动。到底是形态本身决定了事件，还是事件决定了形态？图 1-1 展示了 2018 年 6 月～2019 年 9 月标普 500 指数，方框对应的是加息（上调联邦基金利率），两个圆圈对应的是加征关税，均导致了股市短期下跌，为什么这么巧呢？在美国两次宣布加关税之前，基于本书所阐述的波动规律就预测到了三次短期见顶，甚至方框内的见顶在几个月前就被精确地预测到了。注意，这里事件对形态的匹配完全是提前的，而不是临时起意。唯一的解释就是在此处发生大事件的结果，已经被市场预料到了，但是美国两次加税对于普通投资人来讲基本都毫无征兆。硬要说消息提前泄露给少数市场"主力"是"事后找原因"的逻辑，因为两个圆圈从本书所阐述的形态规律上来讲必定会有向下的调整。这两次圆圈见顶几乎都是可以提前半个月的时间做出预测的，尤其是第一个圆圈对应的加税事发更加突然。全球舆论都以为关税谈判即将成功，没想到却突然急转直下，这个突发利空对于绝大多数投资者来讲都是措手不及的。

股市作为极大数量交易者的稳定市场，本身遵循一套完整的波动运行规律，外部因素作为隐变量操控趋势上下，所有信息都被纳入这个隐变量之中。不妨这样看，如果第一个圆圈对应着贸易谈判成功后取消加征关税，则市场会解读为利好兑现，市场短期向下掉头仍然在所难免。所有被市场已知的信息，无论利好还是利空，在公布的一刻，股市都会向相反的方向运行。因此，这个市场遵循的逻辑便是预期。

不存在完全突发的事件能够真正打破形态，尤其是在当今信息化社会，这种突发事件产生的可能性几乎没有，除非发生极大的自然灾害或者战争来突然打破股市的原有系统。所以，信息公开、透明是形态拐点与消息如此匹配的根本原因，市场（主要）参与者知晓在某个时间点将公布重大事件，以及大事件即将发生的合理预期才是关键所在。

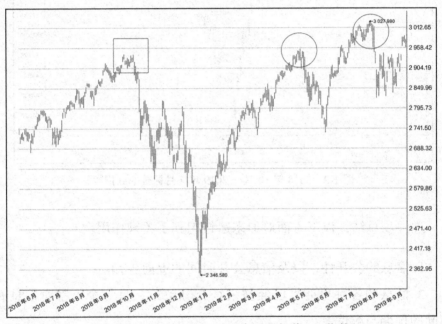

图 1-1　2018 年 6 月～ 2019 年 9 月标普 500 指数

　　图 1-2 中圆圈对应的美联储加息如果说基本符合预期，那么方框对应的美联储转鸽派停止加息甚至考虑降息的 180 度大转弯则是市场始料未及的，方框处可以认为是一个突发事件，但无论是圆圈处还是方框处，都是在配合趋势而并未改变趋势，或者说，它们和趋势是一致的，并不存在冲突。

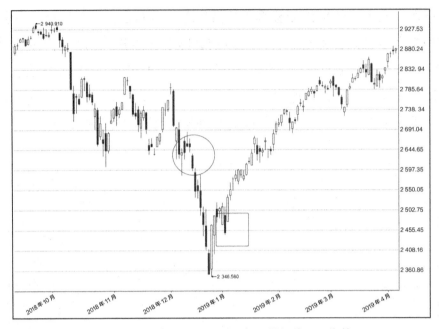

图 1-2　2018 年 10 月～ 2019 年 4 月标普 500 指数

进一步总结，以下方面对形态运行起到了关键作用：

1.信息的公开性，以及信息公开时间的提前告知。

2.信息的各种可能性已经被市场充分解读，且每个人都对信息有不同的预期与解读。

3.市场交易者分散，且能够独立决策。

不得不承认，即使市场 99% 的事件已经趋近于透明，但还是有 1% 的突发事件或大或小地在影响市场。不过，这种几乎纯粹意义上的突发事件并不能完全打破趋势，仅能轻微影响趋势的结束空间与时间位置。或者说，99% 的突发事件并未强大到能真正地显著影响市场趋势，只是暂时影响日级别甚至小时级别的 K 线形态而已。

图 1-3 显示了 2020 年 3 月标普 500 指数的 B 浪反弹，其中圆圈处突发降息事件，导致均衡形态被打破而产生偏移，且此处因为事件消息增加了成交量，导致之后 B-2 浪的回撤幅度增大，使得 B 浪反弹形态不再严格遵守筋线规律（有关筋线规律将在之后的章节中详细阐述）。

图 1-3 2020 年 3 月标普 500 指数的 B 浪反弹

1.8 运行趋势假说

前几个假说阐述完毕后，笔者通过合理的归纳提出了以股市为代表的金融市场存在规律性的假说。在进一步的理论构建过程中，笔者将在以上假说的基础上，进一步定义市场运行的三种存在状态。

无论股票、债券还是大宗商品市场，金融市场总是在上涨－下跌－上涨的循环中不停地运动，永不停歇。从最朴素的观察出发，能够很直观地定义出上涨和下跌是市场运行的两种趋势性状态，但是，市场之中只有上涨和下跌两种状态吗？还有别的中间状态吗？本书认为有。这个状态就是横盘——趋势横着走，不趋向于上涨，也不趋向于下跌。其分解的形态可以有两种：一种是先上涨后下跌，可称为底部横盘；另一种是先下跌后上涨，可称为顶部横盘。

把横盘引入市场趋势之中，使其成为上涨和下跌之外的第三种状态，是整个市场波动研究过程中极为重要的一步进展，在发现横盘这个重要趋势的第三种状态后，很多之前不可解释的现象可以解释了，不可解读的规律可以解读了。当然，横盘的定义不是发明，而是发现，不是因为需要人为加一个新的概念才创造出一种新的命名，让那些可能暂时不能清楚描述、解读的运动现象放进横盘之中，而是因为横盘本身的客观存在性。正如本书所指的"资产价格波动规律"是一种客观存在的规律，不是笔者灵光一现的发明创造，而是有幸在长期的研究过程中提炼和发现的客观规律。

横盘是一种介于上涨和下跌之间的中间状态，这种状态的存在有其合理性，市场可以涨，也可以跌，那么涨和跌之间为何不能有一个过渡状态呢？这个状态以稳定的特性存在于涨跌之间的过渡显得十分合理。

横盘是上涨和下跌之外十分重要和常见的市场状态。正如上涨趋势可以是上涨－下跌－上涨的波动组合，下跌趋势可以是下跌－上涨－下跌的波动组合，横盘趋势以上涨－下跌、下跌－上涨这样的组合存在便显得十分自然。

横盘不是一种形态，而是一种趋势。正如上涨趋势、下跌趋势都需要推动浪与调整浪的组合才能完整呈现，横盘也需要四种基础形态的形态组合来完成横盘的趋势。所以，横盘趋势本身并未创造出更多的形态，其与上涨趋势、下跌趋势并列，共同组成了市场波动的所有可能性状态。

1.9 涨跌形态假说

在讨论上涨、下跌趋势形态之前，必须直面一个十分重要的问题，那就是下跌形态是否和上涨形态对称？通过对主要资产价格的长期观察，得出两个结论：第一，股市上涨与下跌的形态完全不同；第二，上涨的形态呈现出均衡性或者偏移性，下跌的形态仅仅呈现出扩张性。这就是以金融市场为典型代表的极大数量交易者的博弈过程。这个解释比前一本专著《波浪理论实战新解：股市波动原理与规律》中所陈述的"上涨为三波或者五波，下跌为三波"更加接近事物的本质。何为均衡性上涨？本书可以给出一个定义：上涨过程的中段无显著的停顿，其上涨过程的时间最长，这体现出市场参与者、参与资金所达成的强烈上涨趋势的共识。如果要达到此要求，必须让上涨中段过程呈现出无间断的特征。显然，一波是一个显而易见的无中断上涨过程，其运行过程体现出均衡性，且没有超过0.236倍之前涨幅的调整。另外，五波过程中调整空间集中在首尾两端且空间有限，空间中段是较为连续的上涨，因此它也是均衡性上涨。而三波形态本身中间为下跌，不符合"上涨中段过程呈现出无间断的特征",因此其为偏移性上涨,这体现出市场参与者、参与资金在整个上涨阶段并未达成或者完全达成共识,造成了上涨合力的偏移。

所有的趋势运行状态都是由上涨或者下跌两种形态完成的,上涨趋势可以由上涨–下跌–上涨这样的三波形态组合完成,也可以由单一的上涨形态独立完成,还可以由上涨–下跌–上涨–下跌–上涨这样的五波形态组合完成。这里就牵涉如何定义一波、三波、五波。一个直观的、定量的定义是,回撤超过之前上涨空间幅度的 0.236 倍的下跌记为一波下跌调整,因此,一波上涨即为在上涨过程中没有任何一个回调超过 0.236 倍的下跌趋势,直至趋势结束;三波即为上涨过程中出现过一个回调超过 0.236 倍的下跌趋势;五波即为上涨过程中出现过两个回调超过 0.236 倍的下跌趋势。在这个简单、明确的定义下,可以清晰地把上涨趋势分为三种上涨形态,分别是一波、三波、五波。

上涨可以是一波、三波、五波这种分类,因为一波代表均衡,三波代表偏移,五波又恢复到均衡。七波呢?为何在五波之后就结束了形态的进一步演进?这是因为七波按顺序应为偏移,七波应该是两个三波相连,如果偏移,两个三波该如何归类各自属性?或者说,相对于已经定义的两种三波,显然这个七波对于形态的要求显得重复了。试想更大的数字——九波,那是三波和五波的连接,也就是接下来要讲的三波与五波的交替;十一波,那是两个五波的连接。显然,所有更大的波动都可以归结为一波、三波、五波的一种,再无其他。

在这里,一个明显但奇怪的事实就是:上涨形态有三种,下跌形态却只有一种。为什么下跌趋势不能是两种以上的更多形态?下跌只有一种形态，那就是三波，这种任何级别都归为三波的形态规则让下跌相较于上涨的不确定性更强。

在下跌过程中，假如出现像上涨一样的一波、三波、五波形态，则会导致一个重大问题，那就是下跌能否和上涨一样完全对称？如果答案是对称，那么上涨过程中的下跌将应当与下跌过程中的上涨有同样的形态规则，这使得上涨趋势与下跌趋势的所有级别的上涨形态与下跌形态在空间、时间、方向等维度上的特征完全一致。但是，从上涨与下跌的各自逻辑差异来讲，上涨是由资金、估值主导，叠加以情绪、利好等因素的筹码交换运动过程，下跌过程是由情绪、利空等因素主导，叠加资金、估值等因素的筹码交换运动过程，可以说，上涨趋势与下跌趋势完全是不同的内在驱动，两者基于不同的逻辑关系主导其趋势的进程，因此涨跌形态属性完全一致并不合理。由此可以演绎出一个推论，那就是涨跌形态的非对称以及差异性在金融市场中是真实存在的。

从时间、空间幅度来讲，现有数据体现出熊市的空间、时间都可以是牛市的数倍。由于下跌呈现出远远高于上涨的时空幅度，使得上涨、下跌过程呈现出不对称的直观特征，且时空长度产生更多的不确定性导致其形态特征呈现出更多的可能与变数，这使得下跌过程中呈现三波形态更能反映出下跌遵循熊市不确定性相对更高的特征。因为三波尤其是性质完全一样的三波只需不断扩大其三波形态的级别，因此，下跌形态规则趋近于简单，这是下跌性质对下跌形态规律的客观要求。

均衡、偏移这两种上涨形态代表了上涨的逻辑，而扩张形态则覆盖了全部的下跌形态逻辑，在交易者参与数量、参与资金不断变化的市场活动中，这种变化导致了上涨或者下跌形态的形成有着不同的进度变化，这造就了极大数量交易者市场产生波动的过程。

在进一步探讨之前，必须明确一些概念。在本书中，把上涨和下跌的整个过程称为上涨趋势或者下跌趋势，把上涨或者下跌过程的形态差异称为一波、三波、五波，把三波、五波中的细分波段称为 1 浪、2 浪、3 浪、4 浪、5 浪，这些均称为形态的子浪。下跌三波的子浪用大写字母表示，称为 A 浪、B 浪、C 浪。另外，在上涨趋势中，把 1 浪、3 浪、5 浪称为推动浪，把 2 浪、4 浪称为调整浪。在下跌趋势中，把 A 浪、C 浪称为推动浪，把 B 浪称为调整浪。根据市场交易者的习惯，常常还把 B 浪称为反弹浪。对于横盘的子浪，把顶部横盘的下跌、上涨形态命名为 W1 浪、W2 浪，把底部横盘的上涨、下跌形态命名为 M1 浪、M2 浪。如果是小一级别的子浪，则在其前面加上一个 "-" 来连接，譬如 1 浪为三波形态，那么 1 浪之中的 2 浪就用 1-2 浪来表示。

1.10　空间优先假说

上涨或者下跌形态内部的子浪，其时间、空间比例关系是接下来探讨的一个重点方向，但是在这之前，还需提出和阐明更多的基础性假说，以此来证明进一步的规律归纳有据可依。提到子浪之间的关系，很容易联想到在上涨的三波、五波或是下跌的三波之中，形态内部的子浪有着关于时间、空间比例关系的上限与下限，上限与下限的具体数值将在下篇 "规律篇" 中详细阐述，在上篇 "原理篇" 中讨论的是上限和下限的存在性问题。

一个奇怪但又合理的现象摆在了眼前，那就是对于上涨趋势中任何形态内部的子浪，无论是推动浪还是调整浪，其空间幅度既有上限又有下限，但时间幅度只有上限，没有下限。

还要指出，所有的比较都是后浪与前浪相比，譬如，2 浪、3 浪相对于 1 浪的空间幅度比例有下限，但是时间幅度比例没有下限。也就是说，之后的子浪相对于之前的子浪的时间幅度比例可以非常小。这里体现出了一种时空和谐统一的要求，且空间要求更为严格。

空间和时间幅度的比例一个有下限，另一个没有下限，这似乎有点难以理解。但是，空间代表了价格、估值、资金的水位，一个合理且严格的空间位置调整要远远重要于合理的时间位置调整。更重要的在于，"极大数量交易者的博弈系统"在极短时间内完成了合理价位的筹码交换数量，或者说只要系统在一个价格范围内完成了足够的成交量，这个调整就是有效的，即使这个调整耗费的时间极短。

从形态约束的角度来讲，抛开上涨与下跌趋势的内在逻辑不谈，仅仅思考一个简单的逻辑，如果调整浪既要求其空间幅度达到某个下限，又要求其时间幅度达到某个下限，如果仅仅是这两个要求构成了整个上涨或者下跌形态上的全部规律，那么存在调整浪时间幅度的下限仍然可以接受。但是，无论是上涨形态还是下跌形态，其还须遵守非常严谨的规律，那就是上涨筋线、下跌平行线、下跌支撑线等涨跌方向上的规律。因此，从形态完成的角度来看，调整浪在时间幅度上没有下限的要求有利于形态利用时间上的弱约束性达到空间幅度与方向这两个更强规律的要求。

1.11 跳跃 – 连续假说

在接下来的探讨中，需要引入另一个形态的概念分类，那就是上涨三波形态的双峰、弱三波。上涨趋势可以是三波，上涨三波又可细分为双峰、弱三波。

无论上涨还是下跌形态，子浪的幅度比例关系呈现出这样一种关系，那就是之后推动浪与之前推动浪的空间幅度比例，受到两个推动浪之间所出现的调整浪回调幅度的影响。这种影响最主要的特征在于调整浪的空间范围确定了之后推动浪的空间下限与上限。进一步讲，之后推动浪与之前推动浪的空间比例，由两者之间调整浪的空间调整比例大小决定。但是，这个以调整浪调整比例为自变量，以推动浪（相对于之前推动浪）空间幅度比例为因变量的函数并不是连续函数，而是分段函数，作为自变量的调整浪调整比例，其作用于之前推动浪的空间幅度比例并不是一个确定的连续函数，而是在调整浪比例达到一定的阈值后，之后推动浪的空间幅度相对于之前推动浪空间幅度比例的下限提升，并且这种提升是非连续的，或者说是跳跃的。但是，在阈值范围之内，之后推动浪空间幅度的范围又是连续的。

基于这个假说，调整浪在一个区间内的空间幅度所导致的所有推动浪，其幅度的下限与上限将被同时考虑。譬如，三波之中的 2 浪回调如果超过了 0.618 倍的 1 浪空间幅度，就要考虑在 2 浪达到 1 倍于 1 浪空间幅度调整的条件下，3 浪要超越 1 浪的前高，此时 3 浪的空间幅度下限必须达到 1 倍于 1 浪的空间幅度。同理，当 B 浪调整到 0.618 倍的 A 浪空间幅度时，要考虑在 B 浪达到 1 倍于 A 浪空间幅度反弹的条件下，C 浪需要多大空间幅度才能创出新低，此时 C 浪的空间幅度下限必须达到 1 倍于 A 浪的空间幅度。

从另一个角度来讲，双峰 2 浪的回调在从 1 浪空间幅度的 0.382 倍渐进至 0.618 倍时，3 浪的最小空间幅度取值为 1 浪的 0.382 倍的概率渐渐减小到 0，当达到 0.618 倍后，其直接跳跃到 3 浪最小值为 1、最大值为 2 的空间幅度范围。

下跌三波之中，当 B 浪的空间回调幅度从 A 浪空间幅度的 0.236 倍渐进至 0.618 倍时，C 浪的最小空间幅度取值为 A 浪的 0.618 倍的概率便渐渐减小到 0，当达到 0.618 倍后，其直接跳跃到一个 C 浪最小值为 1、最大值为 2 的空间幅度范围。

空间调整幅度的阈值甚至可以完全改变形态的分类属性。当三波形态的 2 浪调整空间幅度越过 0.382 倍的 1 浪时，这是双峰与弱三波的分界线，此时的三波形态将确定为双峰，所有的规则即将完全在双峰的体系下运行。

运行空间与时间两者之间也一样存在连续 - 跳跃属性。B 浪运行时间由其自身空间幅度决定，当 B 浪反弹不超过 0.382 倍的 A 浪空间幅度时，B 浪运行时间最大不得超过 A 浪的 1 倍，当 B 浪反弹超过 0.618 倍的 A 浪空间幅度时，B 浪运行时间不小于 A 浪运行时间的 1 倍，不大于 A 浪运行时间的 2 倍。

以上说明子浪之间空间与空间的关系、空间与时间的关系、空间与形态的关系都可能存在跳跃 - 连续关系。但是，在空间与空间的关系中，并不是非要到了 2 浪、B 浪调整达到了之前推动浪空间幅度的 0.618 倍后，3 浪、C 浪才能走出 1 倍以上的之前推动浪的空间幅度，而是在 2 浪、B 浪调整逐步接近并达到 0.618 倍时, 其取值的下限突然增大为 1。

1.12　涨跌方向假说

本节所阐述的内容有关上涨过程中的画线方式, 这与现有股市画线技术体系完全不同。有限预测假说已经谈到, 既然上涨是市场所有看多资金能量转化成的动能与势能, 那么形态是否应当有一个明确的 "动能" 所表现出的方向呢? "动能" 从上涨起点到终点所产生的运动轨迹、运动方向, 会有怎样的规律呢?

基于这个假设, 笔者找出许多股市的三波和五波形态, 神奇的结果令人大吃一惊。可以发现, 在每一个形态起点到终点的连线上, 三波形态的 2 浪的四个点——A 浪的起点与终点以及 C 浪的起点与终点, 这四个点其中之一会被三波形态起点和终点的连线所穿过。而五波上涨则不同, 五波上涨过程中, 2 浪、4 浪为调整浪, 但是 2 浪只约束 3 浪的终点, 整个五波形态的终点由 4 浪约束。这个规律本书称为筋线规律, 意味着从起点到终点的连线就像上涨形态的筋骨一般支撑着上行趋势。筋线是预测股市指数运行趋势的一把利器, 有关上涨过程中筋线的运用, 将会在本书第 6 章详细阐述。

筋线的这种规律性, 恰恰印证了上涨过程中市场运动的概率性, 这是由能量转化为动能与势能的分配比例差异导致的股市指数选择性的运动方向。本篇开篇已经提到, 股市的运行本质与量子力学的不确定原理密不可分, 运动的终点不是一开始就决定的, 而是由系统稳定的资金能量在上涨过程中所有无限细分时间点的概率性释放决定的。人们并不能在上涨一开始就准确预测到上涨的形态、结束时间和位置，只能通过观测来解读形态下一个有限时间范围内最可能出现的走势。

经典力学的预测方法并不适用于由量子力学主导的股市运动。现有股市量化研究的问题在于把股市看作一个质点，并且用经典力学中合力的思想，寄希望于选取能够影响股市走向的多个因子来建构函数并拟合，这种方法从本质上错误地理解了股市，因此也就不会得到正确的结果。股市指数运动如果受到了一个力，那么这个力也应当是一个隐变量，你无法用任何环境数据观察这个变量，只能假设其存在。虽然隐变量这种说法不完全恰当，但是这表明了股市运动影响因素观测的有限性。

无论从内在逻辑还是外在形态表现来讲，股市指数下跌与上涨的差异性都是很大的。下跌过程是所有交易者的"无奈"选择——没有人愿意股市下跌，没有人（除了市场的做空者）能够从股市下跌中获取任何好处。

对于市场中的多数人来讲，没有人不希望股市一直上涨，但是，当场内资金达到一个阈值时，资金力竭导致的向上力量衰竭，股价再无可能被推向更高的价格。当第一个交易者卖出，随之而来的犹如多米诺骨牌一般的传导便使得亏损者越来越多，不愿意忍受亏损的交易者便开始抛售股票……在这里本书想要强调的是，下跌不同于上涨，下跌不是一个倾向性的合力所造成的，而是亏损者增加、获利者减少所导致的恐慌情绪传导的。下跌形态是多次、多级别的三波下跌，当一次下跌三波无法结束下跌调整时，或者说调整过后市场内部系统不能继续发力开展另一波向上趋势时，现有的三波调整将变为一个更大级别的 A 浪，市场将继续向下调整至股市所有参与者都认同的心理价格后才能停止。因此，由于上涨和下跌在本身内在逻辑的形成方面有所不同，这导致下跌形态没有如上涨形态那样存在筋线规律，而是有其另一套下跌方向规律，那就是将要谈到的下跌平行线与支撑线。

下跌过程的方向选择存在两种体系，一种是 A 浪与 C 浪平行，也就是说，A 浪起点到 A 浪终点的连线应当与 C 浪起点到 C 浪终点的连线平行，笔者将其命名为下跌平行线。另一种是画出 A 浪起点到 C 浪终点的连线后，你会发现在下跌过程中，下跌形态的 A 浪终点也就是 B 浪起点会触碰但不跌破这条连线，就像一个皮球被这条线支撑着向下弹跳坠落，笔者将其命名为下跌支撑线。

当下跌开始后，从最小的 A 浪开始形成方向，之后的 C 浪与之前的 A 浪组成一个更大级别的 A 浪，直到三波形成最大级别。C 浪和 A 浪一个重要的关系在于，同级别 C 浪的下跌方向应由 A 浪主导，如果穿过 C 浪起点做一条直线与 A 浪平行，则这条直线称为 C 浪基准线，如果 C 浪在这条线上结束，则认为 A 浪、C 浪符合下跌平行线这一规律；如果 C 浪在这条线左侧结束，则 A 浪、C 浪符合下跌支撑线这一规律，如果 C 浪在这条线右侧结束，则 A 浪、C 浪符合下跌平行线的扩展这一规律。此时 C-a 浪、C-c 浪至少其中之一与 A 浪平行。

1.13　斐波那契比例假说

任何形态内部的子浪幅度都应当存在稳定的斐波那契比例关系，

斐波那契比例是一个确定各个浪形关系的关键方法。

斐波那契数列由意大利人莱昂纳多·斐波那契发现。从 0，1，1 开始，当后一个数字是先前两个数字之和，那么这种数列将会呈现出 0，1，1，2，3，5，8，13，21，34，55，89，144，233，377，610，987 等这样的数列，这种数列的一个重要特点是越往后，前一项与后一项的比值越来越接近 0.618（或者说后一项与前一项比值的小数点后的部分越来越接近 0.618）。0.618 是这样一个数字：把一条线段分割为两部分，使较长部分与全长的比值等于较短部分与较长部分的比值，则这个比值为黄金分割。斐波那契数列可以引申出斐波那契比例。用 1−0.618=0.382，而 0.618×0.382≈0.236，1−0.236=0.764，因此，得到了 0.236，0.382，0.618，0.764 这四个最常用的斐波那契比例。还可以衍生出的 1.236，1.382，1.618，1.764，2.382，2.764……再加上 0.5，1，1.5，2 等整数与半分位小数。

顺便引出另一个话题，那就是全球股市的周期性问题。以美国股市来讲，月、年级别的 K 线对应斐波那契数字成功率较高，而我国股市在日、月级别的 K 线对应斐波那契数字的成功率较高。这和我国股市的高换手率有直接的关系。高换手率会导致形态完成的时间周期较短，我国股市散户比例偏高，短线交易盛行，这是高换手率的原因之一。从欧美国家与亚洲国家的股市形态周期比较来看，以中国（上海、深圳、香港、台湾）和日本为代表的亚洲股市的形态周期与美国、欧洲股市的形态周期大小差异巨大。亚洲股市常常会出现小周期形态，有些牛熊形态甚至只能维持数月，而欧美国家却很少出现小周期形态。因此，当谈到一个牛市或者熊市符合斐波那契数字时，前提是要根据这个牛市或者熊市的时间长度选择合适的 K 线周期单位，而后再去对照某个形态是否符合斐波那契数字。

从空间上来说，用斐波那契比例进行形态子浪之间的比较应该没有人会提出异议。但是对于时间，有技术派研究者认为，一个完整形态或者子浪的运行时间在某个周期 K 线下，应当或者必然与 1，2，3，5，8，13，21，34，55，89，144，233，377，610 等这些斐波那契数字完全契合，这些数字应当是一个牛市形态或者是熊市形态的运行周期，其单位可以是日、周、月、年，这种观点本书不敢苟同。这种方法或许偶尔能够在日线、周线上对市场个别拐点进行对应，但是常常难以认定更广泛形态级别波动的拐点。尤其是在小周期级别形态中，并不是所有的一波、三波、五波、下跌三波以及它们的子浪运行时间都会完全匹配以上斐波那契数字。以斐波那契数列中的某个数字来预测形态是否完结，这种方式并不会在任何周期都奏效，而且很多形态周期甚至在任何 K 线周期下都不能匹配斐波那契数字。

用斐波那契数列预测拐点即使偶尔有效也仅仅是一种巧合罢了，因为时间上的分钟、小时、日、周这些单位本质上是一个主观的划分体系。但是，在形态之中子浪运行时间的比例却在任何度量体系下都不会改变，这个结果不会受到时间度量单位的影响。历史统计数据证明，形态子浪的时间比例关系在任何金融市场中都体现出一个规律，那就是形态内部的子浪时间比值符合斐波那契比例。无论在全球任何股市中，这种时间上的规律都有着令人惊讶的精确性。而且，这个比例遵循一个更加庞大的斐波那契比例集合，本书称之为"拓展的斐波那契比例集合"。

这个集合由如下方式计算，也就是用常见的斐波那契比例 0.191，0.236，0.382，0.5，0.618，0.764，0.809，1，1.236，1.382 等与 0.618，1.618，2.618，3.618 等相乘，或者与 0.382，1.382，2.382，3.382 等相乘。结果如表 1-1、表 1-2 所示，第一行与第一列相乘得出的数值可以无限延伸，1，2，3，5 等这些斐波那契数字以及 0.5，1.5 等这些半分位数字也"恰好"被纳入其中。

表 1-1   拓展的斐波那契比例集合（0.618）

	0.191	0.236	0.382	0.5	0.618	0.764	0.809	1	1.236	1.382	…
0.618	0.118	0.146	0.236	0.309	0.382	0.472	0.5	0.618	0.764	0.854	
1.618	0.309	0.382	0.618	0.809	1	1.236	1.309	1.618	2	2.236	
2.618	0.5	0.618	1	1.309	1.618	2	2.118	2.618	3.236	3.618	
3.618	0.691	0.854	1.382	1.809	2.236	2.764	2.927	3.618	4.472	5	
⋮											

表 1-2   拓展的斐波那契比例集合（0.382）

	0.191	0.236	0.382	0.5	0.618	0.764	0.809	1	1.236	1.382	…
0.382	0.073	0.09	0.146	0.191	0.236	0.292	0.309	0.382	0.472	0.528	
1.382	0.264	0.326	0.528	0.691	0.854	1.056	1.118	1.382	1.708	1.91	
2.382	0.455	0.562	0.91	1.191	1.472	1.82	1.927	2.382	2.944	3.292	
3.382	0.646	0.798	1.292	1.691	2.09	2.584	2.736	3.382	4.18	4.674	
⋮											

这些数字有何意义？答案就是，在一个完整形态中，其各子浪运行空间或时间的比值总会落在以上表内数值中。当一个形态内部的子浪时间比值落在此表之中，就可以认为其在时间上满足了子浪的比例要求。当然，这只是判断形态的一种方式，且只是确认形态子浪关系的一个必要条件而不是充分条件，仍需结合形态、时空、方向等方法综合判断。

正如股市波动规律本身就是一个概率问题，上表数字出现的概率也不尽一致。以上数字看似很多，但事实上真正有较大概率出现的数字一般都在 0.236 ～ 3 之间。下面是股市中出现频率最高的拓展斐波那契比例：

0.236　0.382　0.5　0.618　0.764　1　1.236　1.382　1.5
1.618　1.764　2　2.382　2.618　2.764　3

可以看出，市场波动的所有数字以 3 为最高，所有子浪之间的时空比例没有高于 3 的情况。

斐波那契比例为何能够在金融市场中有效呢？斐波那契比例是人能感受事物的最美的比例，又称黄金分割，建筑、艺术很多都是采用此比例进行建造和创作。因为金融市场的参与者是人，斐波那契比例天然地令人感觉舒适、自然，其作用于人存在的有效性合情合理。

1.14　啤酒与泡沫假说

在一个相对理性的股市中，股市的合理估值应当由沉淀在全体上市企业之中的价值决定，这个价值包括所有上市企业的有形资产、无形资产，或者可以称之为市场所认同的企业公允价值。这些资产价值构成了熊市的价值底部且轻易不会被击破，因为人人都希望买到比公允价值更便宜的企业股票。

熊市的绝对底部就像是排出了所有泡沫的啤酒——啤酒的高度在白色的泡沫完全破裂后，或许没有泡沫的啤酒水位还能继续蒸发，但已经不能指望水位线还能继续大幅下降了。牛市的顶和熊市的底之间是资金对于股票的过度预期，这种预期过高，就会产生一波牛市，导致过度溢价。但是，溢价就像是啤酒搅动后出现的泡沫，虽然由于市场情绪过热导致泡沫大量产生，但终归会在停止搅动后慢慢破灭。

一个重要的波浪理论技术规范必须通过啤酒泡沫假说来解释。在本书下篇"规律篇"中将会谈到股市波动规律，一个常用的定量化方式便是斐波那契比例。斐波那契比例在股市指数幅度预测过程中的使用方式为只计算形态幅度的斐波那契比例，而不是计算各个点位的绝对值。为什么呢？这是因为股票或者商品公允价值（啤酒金色液体部分）和市场炒作溢价（啤酒白色泡沫）本身并不是同类属性，泡沫的涨跌只能和泡沫自身比较，而不是和啤酒的金色液体比较。

下 篇

规 律 篇

　　本篇之所以称为"规律篇"而不是"规则篇"，是因为规律是天然的、客观的，而规则是人造的、主观的。本书所有规律均来自人类社会活动表现出的特征属性，所有的规律归根结底都是基于过往历史数据的观察。在观察过程中建立基础的波动形态规律，再根据这些基础规律演绎出更多的衍生规律，并通过更多的市场数据去验证相关参数来进一步优化和校正规律，最终形成了完整的形态、空间、时间、方向四个维度。

　　波浪形态本身在任何波浪级别的特性上都是一致的，波浪形态不会因为级别的差异表现出不同的性质，也就是说，形态本身不预测自身级别。

　　凡是能归类为涨跌的形态，那么其应被认定为涨跌形态而不是横盘；凡是能认定为之前趋势的子浪，则不应认定为其他独立形态。

　　所有上涨趋势中的子浪形态都以数字标注，所有下跌趋势中的子浪形态都以字母标注。

第 2 章

形态与形态组合

真正完美的理论或者有重大价值的理论，应当能够一次又一次地解释和验证其理论所指的对象，最重要的是，它一定是简洁的。对于金融市场资产价格波动的规律，可以用一句话来完整地概述其轮廓，那就是：

上涨是一波、三波或者五波形态，下跌是三波形态。

以上定义可以套用在全球任何股市的任何牛市与熊市的形态之中。上涨一波，包含 1 个子浪，且为向上运动的推动浪。上涨三波，一共包含 3 个子浪，其中 1 浪、3 浪为向上运动的推动浪，2 浪为向下运动的调整浪。上涨五波，一共包含 5 个子浪，其中 1 浪、3 浪、5 浪为向上运动的推动浪，2 浪、4 浪为向下运动的调整浪。下跌三波，一共包含 3 个子浪，其中 A 浪、C 浪为向下运动的推动浪，B 浪为向上运动的调整浪。但是，仅凭这一段简短的阐述，没人能预测资产价格的涨跌。

市场价格波动规律的复杂性必须用更多的文字才能够诠释得更为透彻。思考和总结这些波动规律，其目的不是要推出一个谁也不能证伪的万能法则，而是要在可操作的层面上，尽量详细地给出系统、自洽的预测路径。

本书从本章开始提出了几十条有关资产价格运动的规律性阐述，这些规律有主有次，一些关键规律统筹整个市场波动规律。这些规律的内容架构依照一个基本思路，那就是先从形态上介绍价格波动的规律，再从这些形态规律出发，分章节探讨空间、时间、方向维度，并列揭示波动的规律。事实上，形态是其他几个维度的基础，只有在形态识别达成正确的基础上，其他几个维度才能得出正确的结果。反过来，空间、时间、方向规律也是形态识别的重要手段，两者相互依存。

有关形态的章节将搭建一个基础的股市波动规律框架。此部分内容不仅为读者勾勒出了股市波动规律的视觉基础，更进一步细化了上涨和下跌过程的细节形态，以及下跌过程中形态内部的细节。这些内容将会进一步细化涨跌形态假说所诠释的股市波动的内涵。

在形态章节之后，将从三个维度阐述股市波动规律，包括空间、时间、方向，这些内容将会以并列的关系展开。另外，一些特殊的趋势、形态譬如横盘、下跌三角形将会独立成章开展讨论。

2.1　上涨一波

在上涨过程中，如果没有调整浪超过前浪涨幅的 0.236 倍，这种情况称为一波。大级别牛市也可以由一波来完成数年的上涨趋势。为什么看似差别很大的上涨形态，仅仅归于一波、三波、五波？因为从形态上说，五波以上完全可以通过现有的一波、三波、五波组合完成。从更深层次的意义上来讲，还可以把一波、五波归为同一属性的上涨，也就是均衡上涨。

一波可进一步分为加速一波、减速一波和匀速一波。一波的分类是为了更好地理解一波进行的形象化区分。顾名思义，加速一波是指上涨过程中斜率逐渐变大，减速一波是指上涨过程中斜率逐渐变小，匀速一波是指上涨过程中斜率不变。任何加速一波都会在初期超过起点与终点连线的斜率，任何减速一波也可以在后期有加速动作。在前段加速还是在后段加速并不是区分一波类型的绝对标准，如果用连接一波形态起点与终点的连线断开形态，两段只不过是减速与加速的比例不同，减速运行的空间更大则为减速一波，反之，则为加速一波。定义一波类型的关键特征在于，其出现本形态最大加速后，不得回撤超过之前涨幅的 0.236 倍，但是加速前可调整超过之前涨幅的 0.236 倍。

对于一波来讲，一波不能出现两次或两次以上穿过"筋线"的动作，这里加引号的意思是，一波没有真正意义上的筋线。原因在于，如果存在至少两次调整浪穿过筋线，那就是另一种均衡上涨——五波，也就没有必要再用一波形态定义此类均衡上涨趋势了。一波形态还有一个重要特征就是上涨过程约束规律失效，因为根本没有明确的 2 浪来确认筋线。

五波和一波，它们是上涨形态时空中内涵最接近的。三波并不能因为子浪数量与一波或者五波更为相近，而与两者之一归为同类，因为一波和五波的本质是均衡，而三波的本质是偏移。

图 2-1 展示了 2003 ～ 2007 年标普 500 指数的加速一波，其在上涨过程中没有涨幅超过 0.236 倍的调整浪。

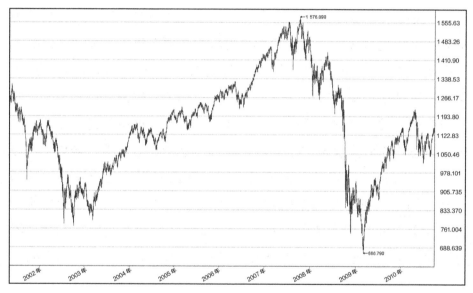

图 2-1　2003 ～ 2007 年标普 500 指数的加速一波

图 2-2 展示了匀速一波，其出现在 2019 年第四季度的标普 500 指数中。可以看到，指数在上涨的任何时段都以同样的斜率进行着上涨趋势，几乎所有时间段的上涨斜率都是一致的。

图 2-3 展示了加速一波，其出现在 2004 ～ 2007 年的恒生指数中。可以看出，上涨趋势在中段开始加速上涨，在趋势尾声的涨速达到最快，上涨斜率在不断地变大。

图 2-2　2019 年第四季度标普 500 指数的匀速一波

图 2-3　2004 ～ 2007 年恒生指数的加速一波

图 2-4 展示了减速一波，其出现在 2019 年 1 ～ 2 月的标普 500 指

数中。可以看出，上涨形态在初期加速，中后期有减速动作。初期的
上涨斜率即为整个形态最大的上涨斜率。

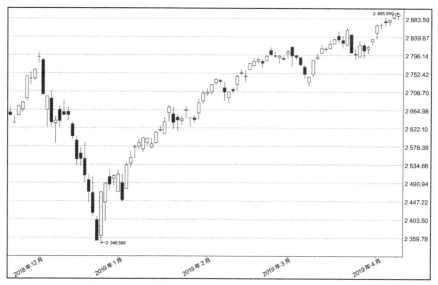

图 2-4 2019 年 1～2 月标普 500 指数的减速一波

2.2 上涨三波

以三波形式完成的上涨过程称为三波。三波是所有上涨趋势中唯
一的偏移形态。三波在本书中被分为两种形态，其一是双峰，其二是
弱三波，这两种形态在子浪空间、子浪时间等维度差异十分明显。

对于三波上涨形态，1 浪、3 浪这两个推动浪之间的差异要么是形
态不同，要么是空间幅度的比例关系不同，要么就是时间幅度的比例
关系不同。基于大量数据的归纳发现，三波形态出现这些差异的关键
阈值是 2 浪回调的空间差异性。根据 2 浪回调的空间差异性，三波可

分为两种情况，一种是 2 浪回调不超过 1 浪空间幅度的 0.382 倍，另一种情况是 2 浪回调超过 1 浪空间幅度的 0.382 倍，这两种情况显然包含了所有调整浪出现的可能性。在 0.382 倍这个阈值的左右，三波形态的推动浪性质差异巨大，也就很自然地把它划分为双峰形态与弱三波形态。

弱三波与双峰的最大差异便是推动浪的主次之分是否涉及子浪形态。弱三波的主推动浪（空间幅度更大的推动浪）一定是均衡形态，且另一个推动浪一定是偏移形态。而双峰的子浪就没有这些形态上的约束。双峰形态的主推动浪既可以是均衡形态也可以是偏移形态。

弱三波存在两个推动浪形态类型的交替。弱三波形态 1 浪、3 浪呈现出主推动浪必须是一波或者五波的特征，为何有交替的存在呢？可以做出一个反向假设，假如弱三波形态中的三波子浪空间幅度可以大于弱三波形态中均衡的一波或者五波子浪，那么三波子浪自身更小级别的五波或者一波也有可能大于弱三波形态中均衡的一波或者五波子浪，那么，这个弱三波形态的划分便失去了意义。因此，子浪形态交替是一个合理、自然的安排。至于为何双峰形态在调整浪超过 0.382 倍的空间幅度后表现出 1 浪、3 浪的形态可以自由搭配，因为 0.382 倍是上涨趋势结束的最小回调幅度比例，超过此线，之后的形态可以与之前的形态没有子浪关联。所以说，三波形态以 0.382 倍为界划分和呈现出完全不同的两种形态特征也就合理了。

弱三波和双峰的重要共性在于运行空间幅度更大的推动浪未必在时间幅度上也更大。这个共性演绎出另一个重要的推论，那就是弱三波的次推动浪的斜率必须不大于主推动浪，试想，如果三波形态的次推动浪的时间、斜率同时大于一波或者五波形态的主推动浪，那么三波形态的次推动浪的空间幅度也必然大于一波或者五波形态的主推动浪，这与弱三波的子浪形态要求相矛盾。

无论是弱三波还是双峰，3 浪与 1 浪在时间和空间上的幅度之比都包含了 1。其实无论是弱三波还是双峰，无论是时间还是空间，3 浪与 1 浪空间幅度相等的出现概率都存在，并且在可观测的所有历史形态之中，虽然 3 浪与 1 浪的空间、时间幅度相等较为罕见，尤其是极少出现时间、空间同时相等的情形，但是，把"时间不能相等""空间不能相等"或者"时间和空间均不能相等"作为定义某个形态的条件，就相当于在弱三波或者双峰的 3 浪与 1 浪的时间、空间幅度比例中鲁莽地把 1 这个值剔除，那么就出现了另一个难题，相差多少幅度比例可以算作不相等？比 1 小 1% 还是 3% 或是 5%？这是一个在解释上会带来混乱的命题。因此，两个子浪的幅度在某个确定值上不相等是不合理的约束。

图 2-5 展示了 2018 年 3 ～ 9 月日本股市日经 225 指数的双峰形态，可以看出，双峰形态两个推动浪在空间幅度上相等但在时间幅度上不相等。

图 2-6 展示了 2019 ～ 2020 年日经 225 指数的双峰形态，可以看出，两个推动浪在时间幅度上相等但在空间幅度上不相等。

图 2-7 展示了 2019 年 1 ～ 4 月上证指数的弱三波形态。1 浪为 1 波均衡形态，3 浪为三波偏移形态。

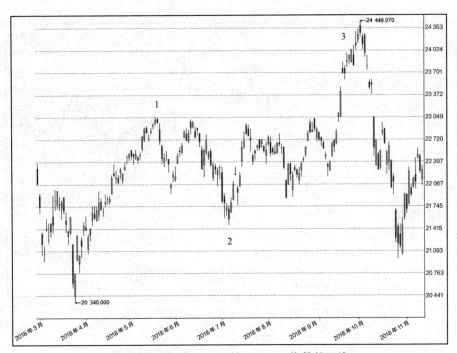

图 2-5　2018 年 3 ～ 9 月日经 225 指数的双峰

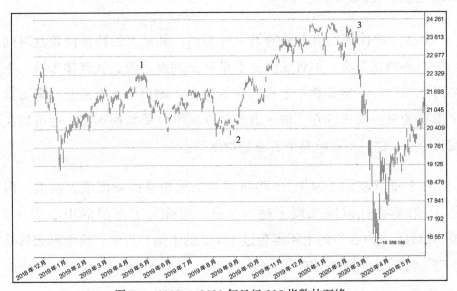

图 2-6　2019 ～ 2020 年日经 225 指数的双峰

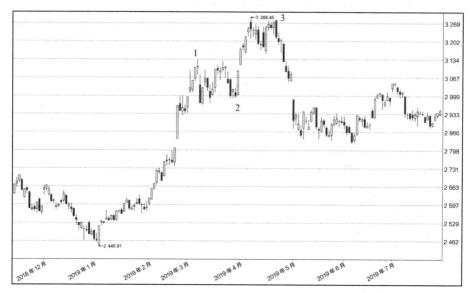

图 2-7　2019 年 1 ～ 4 月上证指数的弱三波

2.3　上涨五波

上涨五波代表均衡上涨的另一种类型，其最大的特征便是其时间的中心必须在 3 浪。不管 3 浪是不是最长的推动浪，从整体来看，五波形态的中心一定是整个上涨形态的重心，如果形态有质量，那么这个形态的重心应该落在 3 浪。五波的 3 浪可以是均衡形态，也可以是偏移形态，这并不影响整个五波是均衡形态。

在上涨五波的子浪中，5 浪可以是五波中空间幅度最大的浪，但是，5 浪不得在时间幅度上超过 3 浪。这确保了五波的中心仍在 3 浪。而且，5 浪在空间上不得超过 1-3 浪的 1 倍，否则，这个形态就是上涨三波形态中的弱三波了。

图 2-8 展示了 2006 ~ 2007 年上证指数的五波形态，其中 5 浪空间幅度等于 1-3 浪空间幅度，但 5 浪时间幅度未超过 3 浪时间幅度。

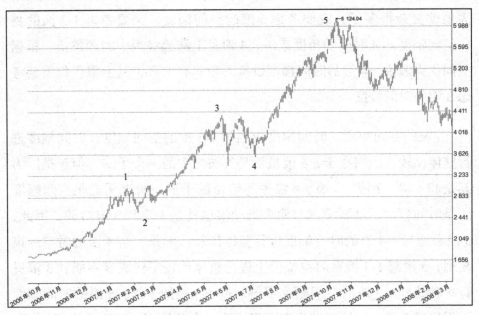

图 2-8　2006 ~ 2007 年上证指数的五波

在 1 浪、2 浪、3 浪完成后，它们之间的空间幅度、时间幅度的关系相对比较明确。但是在 4 浪出现之后，4 浪的空间调整幅度应当和谁比较？是 3 浪还是 1-3 浪？从一方面来讲，4 浪仅仅是对 3 浪整体涨幅的回调，这才有了走出 5 浪的逻辑。因此，4 浪的时间和空间幅度要和 3 浪的时间和空间幅度进行单独子浪之间的比较才符合逻辑。但是，从另一方面来讲，4 浪之后的 5 浪涨幅需要和整个 1-3 浪的时间幅度和空间幅度进行比较，这在逻辑上就需要 4 浪作为连接 1-3 浪与 5 浪之间的调整浪，其空间调整幅度、时间调整幅度都要与整个 1-3 浪进行比较。

显然，3 浪无论是时间幅度还是空间幅度都小于 1-3 浪，因此，4 浪的空间幅度的最小值只需考虑 1-3 浪的空间幅度，也就是其空间调整需要大于先前 1-3 浪整个涨幅的 0.236 倍。但是，4 浪的空间幅度最大值就复杂得多了，既要考虑 3 浪的空间幅度，又要考虑 1-3 浪的整体空间幅度。从时间的角度来讲，4 浪是上涨趋势当中的调整浪，根据空间优先假说，4 浪的时间幅度没有下限只有上限，其上限仅仅需要考虑 3 浪的时间幅度。

5 浪的空间幅度、时间幅度应当和 1-3 浪的空间幅度、时间幅度进行整体比较。原因在于，5 浪虽然是五波之中的一个子浪，但正是因为其是和 1 浪、2 浪、3 浪、4 浪平等地位的子浪，所以无论是空间幅度还是时间幅度，都要考虑与两个推动浪也就是 1 浪和 3 浪协调，因此，5 浪必须与 1-3 浪的时空幅度进行整体比较。但是，与 4 浪的时空约束相似，5 浪与 1-3 浪在时空幅度上进行整体比较不代表其不能和 3 浪进行单独比较。5 浪的空间幅度不得超过 1-3 浪的 1 倍，5 浪的时间幅度不得超过 3 浪。这让五波形态可以成为一个整体而不是头重脚轻，让 5 浪即使是最长的推动浪，但是形态的"重心"仍然在 3 浪。

五波与一波都属于均衡上涨类型，虽然五波的形态要复杂得多，但是两者有本质上一致的形态属性，因此，两者在一些有形态要求的子浪上可以相互等价。

以上介绍了四种上涨形态，有关形态、空间、时间、方向的属性还会在其他相关章节详细介绍。形态的发展与演化初期没有绝对的鸿沟，四种上涨形态均可以相互在临界点转化，而不是从起点就确定之后即将出现的上涨形态。三波上涨形态之中，双峰和弱三波在 2 浪的回调上存在是否超过 0.382 倍的区别。弱三波 3 浪如果超过 1 浪空间幅度的 1.382 倍，则必然转换为上涨五波。双峰也类似，如果双峰 2 浪跌幅回调不超过 1 浪空间幅度的 0.5 倍，且 3 浪空间幅度超过 1 浪空间幅度的 1 倍，则也可能走出五波。以上表明了形态之间的联系，也表明了形态在一定范围内突破临界节点后将会改变属性。

2.4　下跌三波

相对于上涨形态可细分为一波、三波、五波，下跌形态的分类则简单了许多。正是由于下跌的时空不确定性更大，其基本形态的简单属性才能更好地满足其形态从小级别到大级别的演化。

三波是小级别形态向大级别形态演化最简单、最有效的选择。下跌三波形态是所有一波、三波、五波之中唯——种大小级别形态完全一致的形态。之前已经在 1.9 节"涨跌形态假说"中阐述过，上涨与下跌的主导因素不同导致其形态并不对称。上涨趋势由资金主导，下跌趋势由情绪主导，情绪主导相对于资金主导有其更加不稳定的一面，这导致了下跌趋势应当有更加丰富的变化选项。下跌过程以三波形态呈现，并且不断扩大其级别，正是因为情绪不稳定导致的多变结果。三波形态看似变化有限，但是，如果考虑到子浪之间空间幅度、时间幅度比例关系的幅度变化，以及下跌方向的多种可能性，那么下跌三波其实是所有形态当中变化最为复杂的。有关下跌形态子浪时空的比例关系将在第 3、4 章中详细说明，有关下跌形态子浪方向的关系将在方向章节详细说明。

　　把上涨形态的所有子浪用数字命名为 1 浪、2 浪、3 浪、4 浪、5 浪，把下跌三波形态的所有子浪用字母命名为 A 浪、B 浪、C 浪。这种上涨全部为数字、下跌全部为字母的命名有很多好处，其中之一便是提到 2 浪，其运行方向永远是向下，而提到 B 浪，其运行方向永远是向上。另外，这也表示下跌三波与上涨三波完全遵循不同的形态规则。在这里也要指出，下跌趋势中的 B 浪反弹作为上涨方向的浪形，其自身遵循的仍然是与上涨趋势中一波、三波、五波形态一致的运动规则。

　　一个上涨形态无论处于任何子浪位置，其遵循的上涨形态规则仍然是上涨一波、上涨三波、上涨五波，同理，下跌形态也一样，无论时间、空间大小，无论级别，全部为三波形态，上涨趋势中 2 浪、4 浪也是本质上无差别的三波形态，持续数月甚至一年以上的熊市也是三波形态。但是，下跌三波形态与上涨三波形态在属性上完全不同，也不像上涨三波形态那样有进一步的分类。

　　下跌三波存在一个看似普通但极为有效的规律，那就是其大级别浪一定在空间幅度上大于对应的小级别浪。例如，B 浪空间幅度一定大于 A-b 浪或者 C-b 浪，C 浪空间幅度一定大于 A-c 浪。但是这种级别优势只存在于空间维度，在时间维度上并不存在。

　　图 2-9 展示了 2015 年上证指数的下跌三波形态，其下跌方向符合下跌平行线扩展规律。

　　图 2-10 展示了 2007 ～ 2008 年标普 500 指数的下跌三波形态，其下跌方向符合下跌支撑线规律。

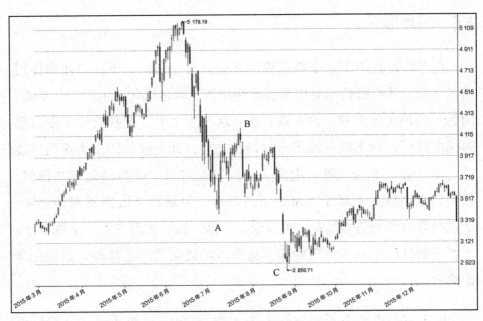

图 2-9　2015 年上证指数的下跌三波

图 2-10　2007～2008 年标普 500 指数的下跌三波

2.5　三角形

在下跌过程中不走下跌三波形态的只有三角形,下跌三角形体现出与下跌三波扩张性相对应的收敛性特征。但是这句话也不完全正确,因为三角形走出的跌 – 涨 – 跌 – 涨 – 跌五波之中,下跌的三个子浪仍遵循之前所述的下跌三波形态规律,并且,其上涨的两个子浪仍然遵循上涨一波、上涨三波、上涨五波的形态规律。这与横盘有些相似。虽然横盘整体上不属于上涨、下跌趋势,但是其子浪仍然遵循上涨、下跌趋势的四个基本形态。可以说,上涨一波、上涨三波、上涨五波、下跌三波这四个基本形态构成了整个市场波动的形态基础,这是完全正确的。

由于三角形形态子浪不适合用 A 浪、B 浪、C 浪表示,这容易引起与下跌三波命名混淆,因此,本书把三角形子浪命名为 a 浪、b 浪、c 浪、d 浪、e 浪,但是,这里的 a、b、c 不再具备 A、B、C 所代表的下跌三波形态的时间、空间、方向属性,并且无须遵循下跌三波形态所有规律要求。

三角形只有一个运动方向,那就是下跌,也就是说,三角形的 a 浪、c 浪、e 浪一定是向下运行的。为什么上涨趋势不能以三角形的形态展开呢?个中原因可参照涨跌形态假说的解释,那就是上涨应当是资金“合力”作用的过程,而三角形显然是没有“合力”的无方向运动,其体现出市场交投的清淡以及趋势的不确定性。

三角形只有一种形态,那就是收缩三角形,不存在扩张三角形。扩张三角形代表市场在一个形态之中五次变化了方向,这在逻辑上无法解释，更重要的在于，扩张三角形从未在任何金融市场之中被观察到。

在牛市中，无论是上涨三波还是上涨五波，三角形可以作为一个最大级别的调整子浪也就是 2 浪、4 浪存在，在大周期熊市中，其也可以以独立的形态来完成整个下跌趋势的调整。

三角形调整中的相邻子浪幅度遵循斐波那契空间、时间比例。从历史形态的归纳结果发现，三角形相邻子浪空间幅度之比应大于 0.5，当然，对于一个三角形来讲这个回调幅度很难再小了。判断一个形态是否即将发展为三角形调整，必须等待其至少走出三角形 d 浪甚至 e 浪之后，才能初步判定即将完成三角形调整，因此，三角形被事后认定会更加合适。判断下跌三角形出现的价值在于确认其之后的趋势将会向其相反的方向运行。

在金融市场中，三角形的重要性不能和其他上涨或下跌形态相提并论，三角形调整出现的级别、频率与后两者相差甚远。三角形作为下跌形态，其以独立形态完成熊市的概率几乎可以忽略不计。另外，下跌三角形在任何周期中出现的频率均不高，绝大多数下跌还是以下跌三波的形态来完成的。究其原因，市场很少在大周期中出现多空力量均衡，即使出现这种力量的均衡，这种均衡也将很快被打破，因此，三角形大多出现在中、小周期调整之中。

下跌三角形的存在有效地调和了下跌三波形态的单一性，三角形的收敛性与下跌三波的扩张性互为补充，其更多的属性将在第 8 章中进行更为详细的介绍。

图 2-11 展示了日经 225 指数 2013 年 5 ～ 10 月的下跌三角形。其位置为弱三波形态大牛市之中的小级别 1-2 浪。可以看到，其运行形态为三角形，在其 e 浪结束之后，市场继续上涨并超越了三角形 a 浪的起点。

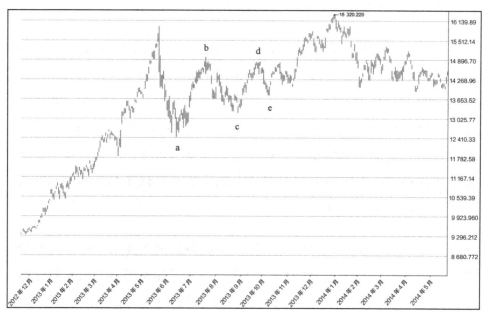

图 2-11　2013 年 5 ～ 10 月日经 225 指数的下跌三角形

2.6　横盘

横盘是整个市场涨跌波动中十分常见的趋势状态，这种状态完全独立于上涨趋势与下跌趋势，是市场运行的三种基础状态之一。

从严格意义上来讲，横盘不是一个形态，而是一个涨跌形态的组合。横盘是四种基础形态中上涨一波、上涨三波、上涨五波三者其中之一与下跌三波的涨－跌（或者跌－涨）组合。横盘的这种形态组合类似于下跌三角形，三角形为三个下跌形态与两个上涨形态的组合。但是，横盘在市场波动中的出现频率、出现级别以及对于趋势预判的重要程度要远远超过下跌三角形。

根据出现位置不同，横盘又可划分为顶部横盘与底部横盘。在上涨过程中出现的下跌－上涨形态组合是顶部横盘，在下跌过程中出现的上涨－下跌形态组合是底部横盘。顶部横盘与底部横盘的时空属性差异很大，不能把顶部横盘、底部横盘当成时间、空间特征一致或者基本近似来看待，应该把不同位置的横盘特性分开来看。顶部横盘可以出现在任何上涨形态结束之后，其中包括双峰1浪之后、B浪之后。底部横盘可以出现在任何下跌三波形态的A浪、C浪结束后，或者2浪、4浪尾部。

横盘之后针对横盘本身也可以有横盘，本书称之为衍生横盘，这种横盘也有其自身的独特属性。

横盘完成之后如果没有更大级别的横盘，也没有衍生横盘，则将会出现不小于横盘针对浪级别的反向趋势，并且，这个趋势的空间幅度至少不小于横盘的空间幅度，但是，这个趋势的时间幅度可以小于横盘的时间幅度。

图2-12展示了2017年上证指数的顶部横盘，其为针对三波牛市的横盘。

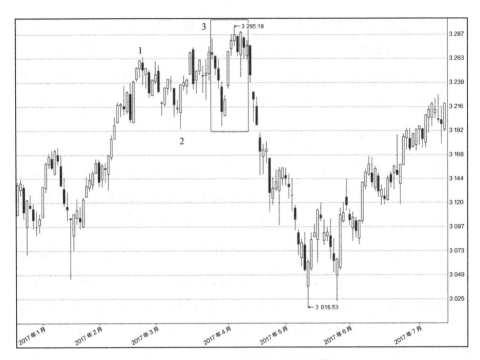

图 2-12　2017 年上证指数的顶部横盘

第 3 章

形态的空间比例

在股市波动形态之中，子浪的空间幅度是判断形态关系、趋势的重要手段。无论是上涨过程中的双峰、弱三波、五波，还是下跌过程中的三波，其中的子浪都必须严格符合形态的空间比例关系。

形态子浪的幅度关系包含了子浪时间与空间比例的范围。在某一形态之中，由先出现的子浪时空幅度决定后出现的子浪时空幅度。譬如，1 浪的空间、时间幅度决定了 2 浪、3 浪的空间、时间幅度范围，A 浪的空间、时间幅度决定了 B 浪、C 浪的空间、时间幅度范围。这种幅度范围的确认能够帮助投资者在形态的确认过程中，预测一个上涨或者下跌趋势终止的极限位置。需要指出，推动浪的空间幅度与之前调整浪的空间幅度没有任何关系。

涨跌之间也没有必然的前后因果关系。例如股票上市，有可能开盘直接下跌而没有上涨，这个过程是持有筹码者抛出以及持有现金者买入的过程，从逻辑上来讲，"涨－跌"或者"跌－涨"都是成立的，鸡可以生蛋，蛋也可以生鸡，市场波动没有必然的因果次序。

形态子浪之间的时空幅度比例关系是判断趋势极限位置最常用的方式。但要注意的是，形态子浪时空比例关系必须建立在正确的形态识别基础之上，如果没有正确的形态识别，则时空比例的套用必然错误，这也会导致预测形态运行的时空位置出错。一方面，趋势时空幅度的预测通常应在形态判断之后，当形态预测确认后，再按照相对应的形态子浪比例预测下一个子浪的时空幅度。另一方面，子浪之间的空间幅度、时间幅度比例关系也是验证形态归属的重要手段。

还要指出一个空间幅度计算的关键，在形态之内，计算后出现的子浪空间幅度时，取之前子浪的空间最大值作为比较基数，取要预估子浪自身的起点作为空间计算的起点。

3.1　最小调整比例

任何级别的调整浪（2浪、4浪、B浪）的空间调整幅度，应不小于针对浪（1浪、3浪、A浪）空间幅度的0.236倍。

在一个向上或者向下的形态趋势中，如果回调小于先前浪幅的0.236倍，那么这个回调不能称为2浪、4浪、B浪。无论熊市还是牛市，无论上涨还是下跌，无论大周期还是小周期，本规律都有效。

0.236 倍是重要的斐波那契比例之一，最小回调落在 0.236 倍这一比例上也绝非偶然。在子浪回调过程中，这一神奇的规律再一次应验，0.236 倍的回调"及格"线是子浪空间调整的底线，也是形态判断过程中十分重要的规则。

无论是在上涨三波、上涨五波还是下跌三波之中，当偶数子浪有一个显著的回调幅度时，才能确认这个回调有效。但是，并不能仅仅依据一个超过 0.236 倍的回调就判断其子浪的级别。譬如，在一个明确的上涨趋势过程中，如果有一个回调幅度超过先前涨幅的 0.236 倍，之后继续上涨并越过前高，那么此时还不能说这个回调就是 2 浪，也有可能是 1-2 浪，之后还有更大级别的趋势形态。如果在一个下跌三波之中，一个反弹大于先前跌幅的 0.236 倍，此时也不能判断其为 B 浪，很可能是 A-b 浪。0.236 倍的回调是有效子浪回调的必要条件，但显然不是最大级别回调的充分条件，对回调的子浪级别的确定还需更多的信息配合。

最小回调的原则表明，某个子浪形态的幅度不能太小，回调是市场蓄力后准备下一波上涨攻势的洗盘，也是下跌过程中暂时的反弹，只有存在一定空间幅度的整理，市场中的换筹才能实现。

图 3-1 展示了上证指数 2017 年 4 月 11 日开始的一个 A 浪之中的子浪级别 b 浪的回调，其反弹级别在整个大级别下跌三波形态中的级别已经非常小，但是，这个 b 浪反弹达到了本规律的最小反弹要求；其幅度恰好为同级别 a 浪跌幅的 0.236 倍。

图 3-1   2017 年 4 月 11 日开始的上证指数的下跌三波

3.2 最小中断比例

在上涨之中，如果需要结束一段上涨，且之后的形态与之前的涨跌形态没有子浪关系，则必须出现不小于之前涨幅 0.382 倍的空间回调幅度。

这个规律本身的关键在于，当一轮上涨回调超过整个涨幅的 0.382 倍时，牛市上涨可以结束。但是，0.382 倍的空间回调幅度只是上涨趋势结束的必要条件，而不是充分条件。也就是说，即使上涨过程回调了超过 0.382 倍的上涨幅度，也不能认定上涨趋势已经结束，因为这个回调可以是五波形态的 2 浪，也可以是三波形态的 2 浪，即双峰 2 浪。

如果问一个在股市有一定经验的交易者，在一个牛市上涨过程见顶后，熊市将会回调多少倍牛市的涨幅？仅仅从全球股市过往大周期的牛熊周期形态来看，或许很多人会说这个数字应当在 60% ～ 80% 之间，但事实上，这个数字应当是 0.382。你也许会很惊讶——如此"小"的回调也能成为熊市跌幅的及格线？或许对于看过很多大周期牛熊转换的交易者来讲，这个及格线一时令人难以接受，因为从 A 股 2008 年和 2015 年两次熊市的回调来看，两次熊市下跌回调都超过了 70% 的牛市涨幅。那么 0.382 这个数字是怎么来的呢？其实，大家关注更多的是大周期牛熊转换时的熊市回调幅度，在中小周期之中，牛熊转换时的回调幅度并没有如此之大。0.382 倍是熊市下跌的确认，也可以说是一个下跌完成的最小幅度。请注意，这只是一个所有周期形态都适用的及格线，而不是说回调 0.382 倍就是完成了大级别熊市的调整。

回调超过 0.382 倍，既表明牛市可能已经结束，也表明熊市可能已经确立，更表明熊市随时可以结束。定义牛市结束、熊市开始，首先要明白什么是牛市结束，这里的结束是指以回调为界限，即使在调整之后继续上涨创出新高，先前的上涨和之后的上涨也没有子浪关系。一定会有读者产生疑惑，为什么刚开始就结束了？ 0.382 倍这条及格线到底意味着开始还是结束？本书认为，本质上 0.382 倍是一个形态确认标准，也就是说，达到 0.382 倍的回调，才能确定熊市出现了，但是，当你确定它存在的时候，其实它理论上已经可以结束了，这本身也蕴含着股市波动原理有限预测假说的特征——当形态没有运行完毕时，不能够 100% 确认其完整性，当形态 100% 确定时，其一定已经完成。

双峰是一个特例，在其 2 浪调整超过 0.382 倍的回调幅度后，其仍将继续运行在一个更大的形态之中。0.382 倍的回调幅度把三波形态分为两种分界线，一种是弱三波，一种是双峰。在三波之中，2 浪产生 0.382 倍的回调后，双峰的前后波段仍然存在子浪关系。双峰 2 浪可以回调 1 浪涨幅的 0.382 倍以上，并且 3 浪和先前的 1 浪、2 浪仍然严格遵守三波形态空间、时间、方向等基本波动规律。

还有一个特例，五波上涨的 2 浪回调可以最大吞没 1 浪涨幅 0.5 倍的空间，并且，之后的 3、4、5 浪和 1、2 浪仍然保持着形态间的子浪关联。但是，4 浪不得回调超过整个涨幅的 0.382 倍。

图 3-2 展示了恒生指数 2009 ～ 2015 年的双峰形态大牛市，可以看出，虽然其 2 浪空间调整超过了 1 浪空间幅度的 0.382 倍，但之后的 3 浪在空间、时间、方向维度与先前的 1 浪都存在子浪关系。

图 3-2　2009 ～ 2015 年恒生指数的双峰

3.3 弱三波子浪空间比例

由于一波形态在上涨过程中不存在超过 0.236 倍涨幅的调整浪，因此其没有子浪调整。三波形态可分为弱三波与双峰两种在空间、时间维度上差异极大的形态。

弱三波形态是上涨三波中 2 浪回调较小的情况，整个形态上涨过程较为连续、紧凑，1 浪和 3 浪两个推动浪呈现出均衡和偏移两种状态的交替。弱三波从形态上十分严谨，因此，其 2 浪调整的空间、时间也不应该过长。2 浪调整的空间下限根据最小调整比例应为 1 浪上涨的 0.236 倍空间幅度，其调整的上限应为 1 浪上涨的 0.382 倍空间幅度。1 浪无论是均衡形态还是偏移形态都不会影响 2 浪调整的上限与下限。通过对资产价格历史数据的挖掘，得出弱三波形态下，2 浪调整的空间幅度的上限为 1 浪的 0.382 倍。这与最小中断比例之中最小中断调整幅度的 0.382 倍相等。这也很好解释，前面提到弱三波运行过程紧凑，推动子浪之间有着交替的形态要求，其本身的形态内在属性就是不能"中断"的过程，因此，弱三波形态的 2 浪空间幅度的最大值落在 0.382 倍这一斐波那契比例上也就合情合理了。

弱三波和双峰都是三波形态，它们和一波、五波构成了上涨的四种形态。弱三波是小级别上涨中必然存在的形态，其本身又由均衡和偏移随机交替组成。

弱三波形态的复杂之处在于 1 浪、3 浪两个子浪随机出现偏移和均衡两种类型的形态，且不能重复出现一种形态。也就是说，如果 1 浪是偏移形态，那么 3 浪就是均衡形态，如果 1 浪是均衡形态，那么 3

浪就是偏移形态。在任何情况下，均衡形态的子浪空间幅度大于偏移形态的子浪空间幅度，但偏移形态的子浪空间幅度有时也等于均衡形态子浪空间幅度。3 浪可以是偏移形态的三波也可以是均衡形态的一波或者五波。这种两个推动浪形态交替的要求，并未导致 3 浪的空间幅度能够比 1 浪大很多，恰恰相反，3 浪幅度最大不过是 1 浪的 1.382 倍。从历史统计来看，弱三波的 3 浪如果为偏移三波形态，其幅度可以仅仅为 1 浪的 0.382 倍，如果 3 浪为五波形态，则 3 浪空间幅度最少为 1 倍的 1 浪幅度，最大可以达到 1 浪幅度的 1.382 倍。1.382 倍这个极限比例从未被超越过。

弱三波形态的关键，在于其形态的运动趋势的保持在整个形态运行之中不能衰弱，也就是说，其 2 浪回调不得超过 1 浪幅度的 0.382 倍，这使得弱三波的上涨往往更加紧凑，尤其在小周期中的快速上涨使其很容易被误认为是一波或者五波形态。

一波、五波、双峰、弱三波都可以是弱三波子浪形态的组成元素，弱三波、双峰、一波、五波又可以是双峰形态的组成元素；五波形态也可以由弱三波、双峰、一波、五波组成。四种形态你中有我，我中有你，构成了股市上涨过程中既简单又复杂的规律。

图 3-3 展示了上证指数 2017 年 1 ～ 3 月的弱三波上涨形态，其中 2 浪回调了 1 浪涨幅的 30%，3 浪涨幅为 1 浪的 0.382 倍。

图 3-4 展示了上证指数 2016 年 9 ～ 11 月的弱三波上涨形态，其中 2 浪回调小于 1 浪涨幅的 0.382 倍，3 浪涨幅为 1 浪的 1.382 倍。

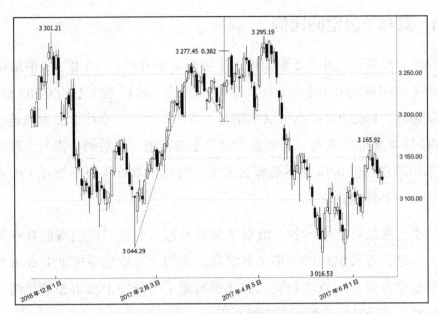

图 3-3　2017 年 1～3 月上证指数的弱三波

图 3-4　2016 年 9～11 月上证指数的弱三波

3.4 双峰子浪空间比例

在双峰形态之中，2 浪幅度为 1 浪幅度的 0.382 ～ 1 倍，3 浪的幅度为 1 浪幅度的 0.382 ～ 2 倍。双峰 3 浪最小可以是 1 浪的 0.382 倍。也就是说，3 浪的结束点可以不超过 1 浪的结束点。双峰 2 浪回调超过 0.382 倍本身也代表着一个完整牛市形态的结束，之后的 3 浪与 1 浪的关系相较弱三波来讲并不是那么紧密，因此，双峰 3 浪不超过 1 浪高点也是一个合理的结果。

在上涨趋势之中，各个级别下观察形态，偏移三波出现的频率与均衡一波、五波出现的频率未有明显的差别，三波也是熊市中 B 浪反弹的最常见形态。双峰和弱三波几乎覆盖了市场中上涨形态的任何一个级别，其研究价值绝不亚于甚至高于一波、五波上涨形态。

双峰形态和弱三波形态最大的差别在于，双峰 2 浪回调超过 1 浪的 0.382 倍，这是牛市中断的最小幅度。根据最小中断比例，如果上涨趋势中的回调空间幅度高于此比例，则回调前后的形态将允许不再存在子浪关系。这里的关键在于"允许"二字，上涨过程中如果回调 0.382 倍，并不意味着之后上涨与先前绝对没有子浪关系，双峰形态便是特例。双峰形态 2 浪回调 0.382 倍之后，此后的 3 浪依然与之前的 1 浪保持着形态内子浪关系，这种关系体现在空间、时间、方向多个方面。

一个完整形态的双峰 3 浪空间高点未必创出新高。由于双峰 2 浪必须回调 0.382 倍以上的 1 浪幅度，因此，双峰 3 浪的空间高点不能超越 1 浪高点创出新高便是经常出现的现象，尤其是作为子浪的 B 浪反弹的双峰 3 浪常常可以不创新高便完成三波形态。双峰 3 浪最大可以为 1 浪空间幅度的 2 倍，这和五波之中 1 浪与 3 浪的空间幅度关系相似。全球主要股市形态的大量数据归纳结果显示，在上涨过程中，2倍空间幅度是所有形态子浪比例的上限。

在上涨形态中，双峰是对子浪之间空间幅度、时间幅度的比例关系要求最为宽泛的，这和双峰2浪回调触发了0.382倍的最小中断阈值有直接关系。在双峰形态的运行过程中，进一步判断趋势的空间幅度是相对困难的，因为3浪的空间幅度可以是很小的0.382倍，也可以是很大的2倍，这导致双峰形态被确认后（可以基于2浪调整超过0.5倍的1浪空间幅度确认），之后的3浪上涨趋势的空间幅度相对难以判断。

图3-5展示了上证指数2017年4月顶部横盘的W2浪[⊖]，在这个双峰形态中，W2-3浪空间幅度（以极值点计算）为W2-1浪空间幅度的0.5倍，且3浪未突破1浪高点。

图3-5 2017年4月上证指数的双峰

⊖ W代表顶部横盘，2浪代表顶部横盘的上涨子浪。

图 3-6 展示了上证指数 2016 年 5 ～ 7 月的双峰形态，其中 3 浪涨幅约为 1 浪涨幅的 2 倍，2 浪回调了 1 浪涨幅的 1 倍，2 浪回调了整个 1 浪的涨幅。

图 3-6　2016 年 5 ～ 7 月上证指数的双峰

3.5　双峰 3 浪空间跳跃

双峰形态 2 浪的空间调整幅度可以达到 1 浪空间的 1 倍，也就是说，2 浪调整可以达到十分惊人的幅度，完全回调 1 浪的所有涨幅。另外，双峰 3 浪的空间涨幅最小仅有 1 浪空间的 0.382 倍，那么，是不是 2 浪调整了 1 倍的 1 浪涨幅之后，双峰 3 浪仍可只上涨 0.382 倍的 1 浪空间幅度（相当于 3 浪空间幅度仅仅有 2 浪的 0.382 倍）？如果双峰以这种形态完成，可以想象此种形态有多别扭，因为 3 浪就像 2 浪的反弹一样，且仅仅反弹了 0.382 倍的空间跌幅。因此，进一步研究双峰的形态后，得出了以下结论：当双峰 2 浪调整超过 0.618 倍的 1 浪空间幅度时，双峰 3 浪的空间幅度不得小于 1 浪的空间幅度，推导逻辑如下。

3 浪 0.382 倍于 1 浪空间幅度的下限不意味着可以在任意条件下出现。首先，双峰形态作为一个整体向上的运行趋势，3 浪作为之后出现的推动浪，其高点应当不能显著低于 1 浪高点，什么是显著低于呢？如果以 0.236 倍的最小调整比例作为是否显著的标杆，那么双峰 3 浪最高点距离 1 浪的距离不得小于 0.236 倍的 1 浪空间幅度。基于这个要求，再结合 3 浪的最小上涨幅度为 0.382 倍的 1 浪空间幅度这一下限，当 3 浪的空间幅度取最小值即 0.382 倍的 1 浪空间幅度时，2 浪最大可以调整几倍的 1 浪涨幅才能够满足 3 浪结束点距离 1 浪高点不超过 0.236 倍的 1 浪幅度呢？ 0.236 + 0.382 = 0.618，得出 2 浪调整不大于 0.618 倍的 1 浪空间幅度之前，3 浪的上涨空间幅度下限仍然可以是 0.382 倍的 1 浪空间幅度。但是，当 2 浪调整超过 0.618 倍的 1 浪涨幅时，如果 3 浪还取 0.382 倍的 1 浪涨幅这一下限，3 浪高点离 1 浪高点的空间幅度将会超过 0.236 倍的 1 浪。因此，当 2 浪调整超越 0.618 倍的 1 浪涨幅后，3 浪上涨的空间幅度比例下限必须有一个显著的提升。

根据跳跃 - 连续假说的思想，进一步做出如下推导：如果双峰 2 浪回调超过 0.618 倍时，双峰 3 浪就不得不取大于 0.382 倍的 1 浪幅度，如此才能达成双峰 3 浪距离 1 浪高点不超过 1 浪的 0.236 倍，也就是说，当双峰 2 浪调整超过 1 浪的 0.618 倍时，将不再允许出现 1 浪幅度 0.382 倍的 3 浪。这对 3 浪可取的最小值产生了"破坏"，根据跳跃 - 连续假说，把 1 浪幅度比例 0.618 ～ 1 倍的 2 浪调整同时连续考虑，假设在此情况下 3 浪的所有取值范围都应当满足一个条件，即 3 浪最高点距离 1 浪的距离不得小于 0.236 倍的 1 浪空间幅度。当双峰 2 浪空间幅度调整超过 1 浪涨幅的 0.618 倍时，考虑 2 浪空间幅度调整超过 1 浪涨幅 1 倍的情形，此时如果要满足 3 浪最高点距离 1 浪的距离不得小于 0.236 倍的 1 浪空间幅度的要求，那么 3 浪的空间幅度不得小于 1 浪涨幅的 0.764（=1−0.236）倍。

0.764 倍是通过演绎得出的理论上的 3 浪最小空间幅度，这个最小值表示 2 浪回调超过 0.618 倍的 1 浪幅度时，3 浪涨幅与 1 浪涨幅之比的下限。但是，通过归纳得出的历史数据显示，当 2 浪回调超过 0.618 倍的 1 浪幅度时，比 1 浪空间幅度小的 3 浪将不会出现。换句话说，当双峰 2 浪调整超过 0.618 倍时，3 浪的涨幅均超过了 1 浪的空间幅度。因此，双峰 3 浪的涨幅要求应当设定一个值，使其包括调整 1 倍 1 浪空间幅度这种最极端情况。那么，这种要求就变成了只要 2 浪的调整超过 0.618 倍的 1 浪涨幅，3 浪空间幅度就必须不小于 1 浪涨幅的 1 倍。也就是说，随着 2 浪调整的幅度变大，3 浪上涨幅度的下限在离散式提升。

此处推导的出发点不过是 3 浪的最小幅度为 0.382 倍，以及 1 浪与 3 浪高点之间的距离不得超过 1 浪的 0.236 倍。引入跳跃 - 连续假说之后，推导出了如下规律：双峰 3 浪空间的取值是一个非连续的函数，当 2 浪调整在 0.382 ～ 0.618 倍的 1 浪涨幅时，3 浪涨幅与 1 浪涨幅之比的取值可以在 0.382 ～ 2，但是当 2 浪调整超过 0.618 倍的 1 浪涨幅后，3 浪涨幅与 1 浪涨幅之比的取值只能在 1 ～ 2。这也表明双峰 3 浪有更大的机会超越 1 浪空间幅度。

3.6 双峰 3 浪结束

从某种意义上讲，双峰 2 浪中断了 1 浪与 3 浪两个推动浪之间的上涨。因此，相比弱三波形态，双峰形态在子浪之间的形态要求上，以及在子浪之间的空间比例关系上要更加宽泛。但是，与前后形态完全不相干的大周期形态被彻底中断不同，双峰形态仍然保留着形态整体性所存在的特殊属性。本节所介绍的"双峰 3 浪不创新高"这种属性也是上涨三波中双峰形态所独有的。

一个形态可以是一个更大级别趋势之中的子浪，包括一波、三波、五波在内的所有上涨形态，都可以是一个更大上涨趋势过程中的子浪。下跌过程也同样如此，下跌三波形态也可以是更大下跌三波的子浪。但是，有些特别的形态走出来以后，则预示着原有趋势即将结束。原有趋势结束，是指之后的涨跌形态与之前的涨跌形态不存在子浪关系。

上涨过程中有一种特殊的双峰形态，当其出现后，之后的上涨趋势不能与其组成更大级别的上涨形态，也就是两者不存在子浪关联。这种双峰的显著特点是其 3 浪高点不超过 1 浪高点。这在形态上十分直观，在趋势运行过程中也十分容易辨别。因为双峰 2 浪的空间调整幅度最小为 0.382 倍的 1 浪涨幅，而 3 浪的空间上涨幅度下限为 0.382 倍的 1 浪涨幅，当 2 浪跌幅超越 0.382 倍的 1 浪涨幅并且 3 浪刚达到空间幅度下限要求时，3 浪的最终结束点可以不超过 1 浪的高点。在这种情况下，双峰形态之后将会出现下跌三波调整，在这个调整之后，无论下跌三波的空间、时间调整幅度如何，无论下跌三波调整过后的上涨趋势的形态、空间、时间幅度如何，都不再与之前的 3 浪不创新高的双峰组成更大级别的上涨形态。

　　双峰 3 浪不创新高的情况常常出现在下跌三波的 B 浪、横盘 W2 浪中。在这种情况下，双峰形态的 B 浪之后将会出现 C 浪下跌，显然，C 浪以及 C 浪之后的上涨形态不会与 B 浪组成更大级别的上涨形态。

　　不创新高的双峰 3 浪预示着上涨趋势彻底结束，但要注意，3 浪的空间幅度小于 1 浪并不能作为确定上涨趋势结束的条件。无论是双峰还是弱三波，3 浪的空间幅度小于 1 浪都是十分常见的形态，并且这种形态可以存在于更大级别上涨趋势的子浪之中。

3.7　五波子浪空间比例

　　五波形态是所有上涨趋势中形态最为复杂的，也是上涨形态中子浪数量最多的。可以说，上涨五波是均衡上涨过程中更为重要的一个形态，不仅仅是因为五波形态的复杂子浪关系，而且其作为均衡上涨形态之一，在大周期牛市中比上涨一波出现的频率更高，而上涨一波形态相对更多地出现在小周期的上涨中。

　　研究五波形态子浪之间的空间幅度关系，就不得不提及三个推动浪的形态特征。上涨五波形态只出现在上涨过程中，其特征是 1 浪、3 浪、5 浪为推动浪，2 浪、4 浪为调整浪。在五波之中，三个推动浪的形态可以自由组合，那就是推动浪在任何情况下都可以取一波、弱三波、双峰、五波的任意一种。

　　上涨五波是以 3 浪为空间的中心，因此，五波形态各个子浪空间幅度的比例关系将会十分复杂，必须满足整个五波形态的"重心"落在 3 浪运行的过程之中。

在五波子浪的空间幅度比较过程中，即使是推动浪，也并不是像 3 波那样——所有推动浪的空间幅度均与 1 浪的空间幅度进行比较，从逻辑上来讲，这并不难理解，如果 1 浪的时空运行结束，3 浪、5 浪的空间幅度就已经被 1 浪的空间幅度确定，这不符合之前提出的"不确定原理"假说、有限预测假说。也就是说，在一个形态的开始、发展、结束的过程中，形态的走势既有其规律性的一面，又有其在规律性之外的不确定性，这种不确定性也是规律本身的表现形式。

在五波之中，2 浪作为针对 1 浪的调整浪，其调整空间幅度的下限必然要遵守最小调整比例这一规律。但是 2 浪调整的上限却需要通过归纳的方法来寻找答案。通过大量数据分析，得出 2 浪回调幅度的上限为 0.5 倍的 1 浪涨幅。这个数字并不意外，因为作为上涨过程中均衡、紧凑的五波趋势，其调整浪不应当有太大幅度的空间回调，这是其保持紧凑的重要条件。五波形态的 2 浪相比弱三波形态的 2 浪，其调整空间幅度上限更大，但相比双峰形态的 2 浪，其调整空间幅度上限更小。

3 浪作为五波中最重要的推动浪，其上限与下限的发现过程如下。由于 3 浪必须覆盖较大范围的空间幅度才能保证五波形态的空间中心落在 3 浪运行过程之中，因此，3 浪的空间幅度必须要足够大。而且作为 3 浪，其空间幅度也没有理由比 1 浪小。基于大量数据的归纳结果显示，2 倍即为 3 浪与 1 浪之间空间幅度比例的上限，这和双峰形态 3 浪空间幅度与 1 浪空间幅度之比的上限一致。

3 浪上涨结束后，4 浪的调整随之而来。4 浪虽然与 2 浪同为一个级别的调整浪，但是，4 浪却并不仅仅遵守 2 浪的空间幅度上限、下限规律。4 浪与 2 浪的不同之处在于，其不仅仅肩负着调整 3 浪幅度的任务，还肩负着调整 1-3 浪幅度的任务，因此，4 浪必须遵守两个形态的空间幅度的上限与下限。先从 3 浪来看，4 浪的空间回调下限首先要满足最小回调比例即 0.236 倍的 3 浪涨幅，其回调的上限与 2 浪类似，也就是不能超过 3 浪涨幅的 0.5 倍。再将 1-3 浪上涨作为整体来看，4 浪调整的空间幅度在此时又要回调整个 1-3 浪的 0.236 倍以满足最小回调比例，显然，1-3 浪空间幅度的 0.236 倍要大于 3 浪空间幅度的 0.236 倍，因此，4 浪调整的空间幅度将以 "不小于 1-3 浪空间幅度的 0.236 倍" 作为下限。此外，4 浪对于 1-3 浪空间幅度的调整还需遵守最小中断比例这一上限，4 浪不得破坏整个五波上涨形态的均衡性、连续性。4 浪空间调整幅度为 1-3 浪空间幅度的 0.236 ～ 0.382 倍，这进一步在下限和上限方面压缩了 4 浪的空间幅度范围。可以推导得出，当 3 浪超过 1.618 倍的 1 浪空间幅度后，4 浪相对于 3 浪的空间调整上限就应当开始渐渐小于 0.5 倍的 3 浪涨幅。

5 浪空间幅度的上限与下限由 1-3 浪空间幅度来确认，这里不存在单独与 1 浪、3 浪比较的子浪关系。单独把 1 浪或者 3 浪的空间幅度与 5 浪比较是没有意义的，这相当于忽略了 2 浪对于 1 浪空间的回调，1-3 浪将不再是作为整体被看待。因此，5 浪的空间幅度只需与 1-3 浪整体进行比较。类似于弱三波的 3 浪与 1 浪的空间幅度关系，五波的 5 浪的空间幅度比例下限为 0.382 倍的 1-3 浪，上限为 1 倍。为何 5 浪空间幅度不得超过 1-3 浪空间幅度的 1 倍？试想，如果 5 浪空间幅度超过了 1-3 浪空间幅度的 1 倍，那么整个五波形态的空间中心就难以保持在 3 浪之中，那么五波就不再是均衡形态，而成了偏移形态，那就很可能成了弱三波。

从推动浪的角度来讲，3 浪空间幅度是 1 浪空间幅度的 1 ～ 2 倍，而 5 浪空间幅度是 1-3 浪整体空间幅度的 0.382 ～ 1 倍，5 浪虽然可以在空间幅度上大于 3 浪，但是，任何五波形态的空间中心必然落在 3 浪之中。

图 3-7 展示了 2009 ～ 2018 年纽约证券交易所（以下简称纽交所）综合指数的五波形态大牛市，3 浪空间幅度达到 1 倍的 1 浪涨幅，且 4 浪回调不超过 0.5 倍的 3 浪涨幅，也未超过 0.382 倍的 1-3 浪涨幅。

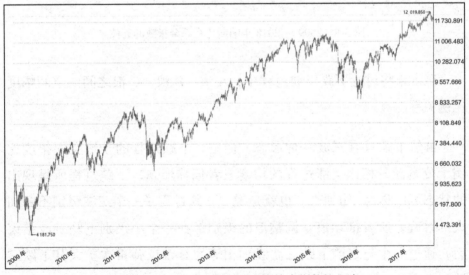

图 3-7 2009 ～ 2018 年纽交所综合指数的五波

图 3-8 展示了 2009 ～ 2018 年纳斯达克综合指数的五波形态大牛市，其中，5 浪空间幅度等于 1-3 浪空间幅度。

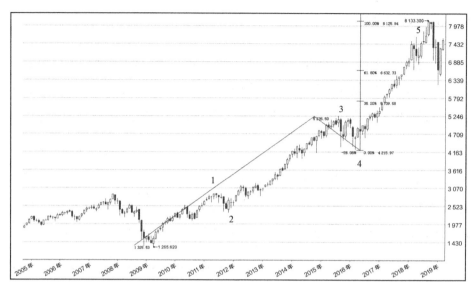

图 3-8 2009 ～ 2018 年纳斯达克综合指数的五波

接下来将讨论下跌三波过程中，A 浪、B 浪、C 浪之间的空间幅度比例关系。

虽然下跌只有三波一种形态，但是，下跌过程的子浪空间幅度比例十分宽泛，相比上涨过程的均衡或者偏移形态，下跌过程所呈现出的状态可以称为"扩张"。也就是说，下跌过程是一个三波级别不断加大的过程，所有推动浪、调整浪的级别都在一个小级别下跌三波结束后，通过一个与之前下跌三波级别相等的 B 浪反弹再次扩大其下跌三波的级别，B 浪之后紧跟着 C 浪，当没有更大级别的 B 浪反弹出现后，此时整个大级别三波下跌宣告结束。

在下跌的过程中，下跌的总体幅度、子浪幅度还要与之前的牛市上涨幅度比较。如果之前的上涨是一个子浪，还需考虑之后下跌三波调整的空间幅度是否超过 0.382 倍、0.5 倍。不超过 0.382 倍涨幅的调整浪预示着之后的上涨与之前的上涨可能有弱三波、五波的形态关系，超过 0.382 倍但不超过 0.5 倍涨幅的调整浪预示着之后的上涨与之前的上涨可能有双峰、五波的形态关系，超过 0.5 倍涨幅的调整浪预示着之后的上涨与之前的上涨可能有双峰的形态关系。

如果下跌三波没有以上子浪关系所导致的空间幅度的限制，且即将形成完全中断的形态关系，也就是大周期形态的牛市与熊市的关系，那么，下跌三波的整体空间、时间上限以及 A 浪、B 浪、C 浪这三个子浪的空间、时间上限将会极大地拓展。后文中探讨的下跌三波空间幅度以及子浪之间的空间幅度比例关系，就是在下跌三波以中断的形态为前提下探讨的，这就摒除了受到上涨形态限制所导致的下跌空间上限。

3.8 A 浪空间幅度

下跌三波过程中最早出现的子浪是下跌过程中最大级别的 A 浪。作为一个上涨形态过程中的 2 浪或者 4 浪，之前已经探讨过，这样的调整浪其整体空间调整幅度应当不小于上涨空间幅度的 0.236 倍。在一个完整的、独立的熊市中，一个最大级别 A 浪的最小空间幅度为牛市涨幅的 0.236 倍。0.236 倍这一比例就是之前所提到的最小调整比例。A 浪作为整个三波扩张形态的开始，其必须要有一定的空间幅度才能让整个下跌三波的空间幅度达到一个下跌调整的最低限度，以保证三波调整的最小中断比例要求。在这里，还需要提前给出 A 浪、C 浪空间比例的结论，才能够进一步推导出 A 浪应当确定的空间上限与空间下限。整个下跌三波的波动规律关系是一个环环相扣的关系，先介绍 A 浪空间幅度并不是因为 A 浪自身的空间幅度可以在不考虑其他规律的前提下独立确定，而是因为 A 浪在下跌过程中最先出现，根据思考习惯把它放在最前面介绍。思考整个三波下跌过程中的子浪关系，必须从整体上全盘考虑整个下跌过程中三个子浪的比例关系，这些关系就像是一个或多个方程，互相影响、控制着各个变量的取值。

A 浪、C 浪空间比例规律是指 C 浪空间幅度为 A 浪空间幅度的 0.618～2 倍。结合最小中断比例规律所要求的中断性质的下跌三波调整空间幅度最小要达到上涨趋势空间幅度的 0.382 倍。在 A 浪最小空间幅度的讨论中，如果要使一个下跌三波达到最小中断比例要求，那么，必须保证三波达到最小中断比例所要求的 0.382 倍的上涨趋势空间幅度，可以列出一个方程，设 A 浪的空间幅度为 x 倍，C 浪的空间幅度为 $0.618x$ 倍，那么，（1+0.618）x 应该等于 0.382 倍，可以得出 $x=0.236$（在此计算过程中，并未考虑 B 浪幅度）。因此，A 浪的最小空间幅度与上涨趋势空间幅度之比为 0.236。

由于下跌本身没有时空上限，因此，A 浪本身也不应存在上限。

对 A 浪幅度的研究过程是下跌趋势中子浪空间幅度比例关系计算过程的典型，其他子浪幅度的计算过程与其有类似之处。在形态子浪比例的研判过程中，遵循这样一个过程，那就是部分市场波动规律是基于数据归纳的经验所得，也有一部分规律是基于基础的规律，通过前期规律的演绎过程进而得出新的规律。换句话说，所有的规律归根结底都基于对过往历史数据的观察，在观察过程中建立基础的波动形态规律，再根据这些基础规律推导出更多未经检验的命题，接着，通过更多的市场数据去验证相关命题，并进一步优化和校正，得出能够通过历史数据回测的波浪理论。

图 3-9 展示了 1999～2002 年日本东证股票价格指数的涨跌形态，其中 A 浪空间幅度接近之前的上涨幅度，C 浪跌幅为 A 浪跌幅的 1 倍，整个三波跌幅明显大于之前涨幅。

图 3-9 1999～2002 年日本东证股票价格指数的涨跌形态

3.9 B 浪空间幅度

本节探讨的是 B 浪相较于之前上涨趋势的空间幅度，而不是子浪之间空间幅度的比较。

在讨论 B 浪空间幅度之前，需要弄清几个关键的事实，那就是与上涨趋势过程中形态的均衡、偏移这两种可能性不同，下跌趋势过程中只能有扩张一种属性，且这种属性之下只能有一种形态表现，也就是三波形态。当然，正如之前所述，上涨三波与下跌三波在子浪之间的时空关系以及运行方向特性上完全不同。

B浪是下跌过程中针对A浪的调整。作为调整浪，B浪不应该相对A浪的下跌时空幅度有过大的空间或者时间，另外，作为反弹浪，B浪不应该相对之前牛市的上涨时空幅度有过大的空间或时间。因此，综合以上对B浪空间幅度的逻辑分析，B浪的空间上限应该既考虑A浪的空间幅度对B浪反弹的空间比例限制，又应该考虑A浪之前上涨趋势的空间幅度对B浪反弹的空间的限制。也就是说，与A浪相比，B浪空间幅度受到的限制将会更多。

对于B浪空间幅度相较于上涨趋势空间幅度的下限，这种约束或许并不存在。B浪作为针对A浪的调整浪，其应该受制于A浪的空间幅度，即使B浪的空间幅度受制于上涨趋势的空间幅度，也会因为上涨的空间幅度通常情况下要远远大于A浪而使得"大于0.236倍的上涨趋势空间幅度"这样的限制失效。所以，B浪反弹的空间幅度下限与上涨趋势无关，其仅仅受制于A浪的空间幅度。

B浪最大空间幅度约束的研究方法与得出B浪空间幅度下限的方法有所不同。这是因为在下限的探索过程之前，已经发现和论证了最小调整比例的规律，并通过大量数据再次验证了这一规律在B浪空间幅度的上限这一点上的适用性。但是，在B浪空间幅度上限的研究过程中，更多的是在大量金融市场数据的归纳中一步一步地缩小其上限的范围。一个合理的有关B浪与上涨趋势空间幅度的关系应该是B浪的空间幅度显著小于上涨趋势的空间幅度，这样才是下跌过程中一个符合反弹子浪地位的形态幅度。通过历史数据研究，把 B 浪空间的幅度范围限制在不大于牛市上涨空间幅度的 0.382 倍，这个范围既体现出了 B 浪调整浪的熊市角色，又不超过 3 浪或者 5 浪的最小值。在趋势反弹的过程中，如果出现一个过大的"B 浪"反弹，并且这个"B 浪"已经超过了之前上涨趋势空间幅度的 0.382 倍，那么，这个反弹显然不再是一个反弹，而是一个新的上涨推动浪。当然，B 浪反弹的上限不会在任何时候都是牛市涨幅的 0.382 倍，其还受到 A 浪幅度的限制。

图 3-10 展示了 2015 年 12 月上证指数的 3 浪上涨，其空间幅度超过之前 1 浪的 0.382 倍涨幅。

图 3-10　2015 年 12 月上证指数的 3 浪上涨

3.10 A 浪、B 浪空间比例

B 浪作为 A 浪的调整浪，与 A 浪有同样的子浪级别，并且也是下跌趋势过程中唯一的最大级别调整浪。

B 浪空间幅度的下限已经在最小调整比例规律中做过探讨，对于包括 B 浪在内的所有形态的空间幅度比例关系来讲，所有的空间幅度"下限"都遵守最小调整比例规律所指明的 0.236 倍这一比例。无论 A 浪的空间幅度仅仅是其之前上涨趋势的 0.236 倍空间幅度，还是远超之前上涨趋势的空间幅度，B 浪的空间幅度下限相较于 A 浪都表现出不小于 0.236 倍的最低空间幅度反弹比例。在 B 浪下限的确认过程中，对于其空间数据的观察与归纳结论也起到重要的验证作用。

在上涨趋势过程中，所有调整浪都不得回调超过之前推动浪的 1 倍空间幅度。这仿佛是有一个约定俗成的规律——调整浪的空间幅度比例不得超过推动浪的 1 倍。同样，这个约束在下跌趋势过程中仍不应被打破。B 浪的空间幅度上限能够达到 A 浪的 1 倍。

图 3-11 展示了 2015 ～ 2016 年标普 500 指数的 4 浪，其中 B 浪反弹空间幅度接近 A 浪跌幅的 1 倍。

3.11 A 浪、C 浪空间比例

从熊市开始到结束的过程中，如果 B 浪的时间幅度与空间幅度可以非常小，那么一个以季度或年为时间单位的熊市，其大部分时间幅度与空间幅度均由 A 浪与 C 浪组成，在这个过程中，两个向下运

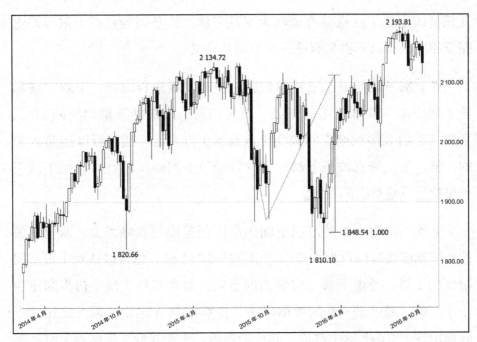

图 3-11　2015～2016 年标普 500 指数的 4 浪

行的推动浪除了方向一致，其内在逻辑关系所呈现出的两个子浪之间的空间幅度比例也很完美。

提到 C 浪与 A 浪的关系，很自然地让人想要对比上涨三波趋势过程中三波形态内部子浪之间的关系。上涨三波形态与下跌三波形态同为三波形态，但是，基于历史数据回顾表明，两者之间并不遵循同样的形态、空间、时间、方向维度的规律。

对于上涨三波来讲，其形态又可细分为弱三波与双峰，这是两种完全互补但又完全没有交集的形态。下跌三波则不同，其不再细分为其他形态类别的最重要的原因在于，下跌三波形态是一种扩张性形态，其任何级别的下跌推动浪全部为下跌三波，正是因为其在子浪形态上完全相同，所以不再具有进一步分类的意义。

将上涨三波与下跌三波的调整浪空间幅度进行对比，下跌三波涵盖了弱三波与双峰形态的三波，因为相对于之前的推动浪空间幅度，下跌三波的 B 浪调整空间幅度比例范围十分宽泛，甚至可以达到 A 浪的 1 倍。将上涨三波与下跌三波的推动浪空间幅度进行对比，下跌三波更接近双峰形态的三波。

下跌三波两个推动浪的空间幅度比例范围与双峰类似。双峰 3 浪的空间幅度既可以仅为 1 浪空间幅度的 0.382 倍，也可以达到 1 浪空间幅度的 2 倍。考虑下跌三波形态的下限，参考双峰 3 浪，初步圈定为小于 1 倍，通过进一步的数据归纳，把 C 浪与 A 浪空间幅度之比的下限锁定在了 0.618 这个数值。同样的逻辑，由于双峰 3 浪的最大空间幅度已经达到 1 浪空间幅度的 2 倍，因此，C 浪最大空间幅度超过 A 浪空间幅度的 2 倍是合情合理的，通过数据归纳，把 C 浪与 A 浪空间幅度之比的上限锁定在 2 这个数值。

C 浪的空间幅度下限和上限与 A 浪的关系，体现出 C 浪与 A 浪在空间幅度方面的并列关系，两者本身的并列也进一步体现了下跌三波的扩张性。

图 3-12 展示了 2018 ～ 2019 年标普 500 指数的下跌三波，其中 C 浪跌幅约为 A 浪跌幅的 2 倍。

图 3-13 展示了 2015 ～ 2016 年恒生指数的下跌三波，其中 C 浪跌幅为 A 浪跌幅的 0.618 倍。

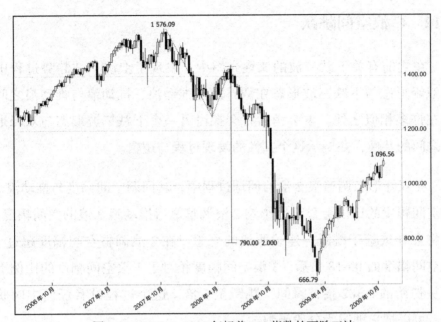

图 3-12 2018 ～ 2019 年标普 500 指数的下跌三波

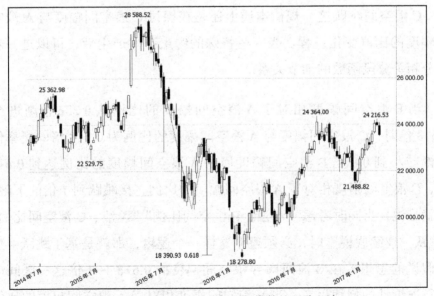

图 3-13 2015 ～ 2016 年恒生指数的下跌三波

3.12　C 浪空间跳跃

在之前有关下跌三波的属性介绍中，发现了上涨三波趋势过程中的双峰形态与下跌三波形态在调整浪与推动浪、推动浪与推动浪之间存在许多相似之处。本节稍后将会探讨另一个下跌三波形态与双峰形态之间的共性，并展示这个共性的发现过程与逻辑。

在双峰形态调整浪 2 浪的回调过程中，其回调空间幅度与推动浪 1 浪空间幅度的比值会显著地影响 2 浪调整之后推动浪 3 浪的空间幅度，这将会导致基于跳跃 - 连续假说的思想，在 2 浪调整空间幅度超过 1 浪空间幅度的 0.618 倍后，3 浪空间幅度相对于 1 浪空间幅度的比例下限从初始的 0.382 倍"瞬间"跳跃至 1 倍，这个过程没有任何中间状态，可以把它理解为分段函数。

C 浪空间跳跃这一规律本质上还是在探讨 C 浪空间幅度与 A 浪空间幅度的比值变化过程。当一些特殊的约束条件产生后，可以进一步细分相关分段函数的细节关系。

当 B 浪空间幅度相对于 A 浪空间幅度的比例从 0.236 倍渐进至 0.618 倍时，C 浪空间幅度与 A 浪空间幅度的比例为 0.618 倍的概率便渐渐减小到 0。当 B 浪空间幅度回调 A 浪空间幅度的比例达到 0.618 后，C 浪空间幅度相对于 A 浪空间幅度的比例直接跳跃到 1 倍的下限。也就是说，当同时考虑"A 浪、B 浪空间比例""A 浪、C 浪空间比例""跳跃 - 连续假说"时，必须遵循这样一个逻辑，那就是基于跳跃 - 连续假说的思想，在 B 浪回调 A 浪空间幅度的 0.618 ～ 1 倍这一区间内进行连续性的规律思考，当 B 浪空间幅度相对于 A 浪空间幅度的比例

达到 1 倍时，由于下跌三波趋势是作为下跌的一个整体形态，因此，C
浪的结束点应当不高于 A 浪底部。由于 B 浪空间幅度相对于 A 浪空间
幅度的比例已经达到 1 倍这一极限值，因此，要想 C 浪的结束点不高
于 A 浪的结束点，就需要 C 浪的下跌空间幅度吞掉所有的 B 浪反弹幅
度，也就是 B 浪幅度的 1 倍。这要求 B 浪的空间幅度反弹在达到 A 浪
空间幅度的 0.618 倍之后，C 浪空间幅度的下限为 1 倍的 A 浪空间幅
度。这个逻辑类似于双峰 3 浪的空间幅度相对于 1 浪的空间幅度比例，
受制于双峰 2 浪的空间调整幅度与 1 浪的空间幅度之比。

双峰与下跌三波相似，在这两个形态中，当 2 浪或者 B 浪这个调
整浪回调大于 0.618 倍的 1 浪或者 A 浪后，所有空间幅度范围的 2 浪
或者 B 浪都应结合子浪的空间幅度比例关系统一考虑，此处"所有空
间幅度范围"是指 2 浪调整 1 浪空间幅度的 0.618 ~ 1 倍，或者 B 浪
调整 A 浪空间幅度的 0.618 ~ 1 倍。根据跳跃–连续假说，调整浪的
空间幅度在"所有空间幅度范围"被统一考虑后，三波的 C 浪或者双
峰 3 浪需要接近或者达到第一个推动浪的空间位置，这意味着三波的
C 浪或者双峰 3 浪的空间幅度必须达到至少 1 倍的之前推动浪的空间
幅度。

3.13 C 浪结束

C 浪空间跳跃规律并不会被熊市下跌三波形态打破，只能被趋势中
的调整浪打破。

已知双峰形态有一种特殊情况，那就是当其 3 浪这一推动浪的结

束点不能超过 1 浪这一推动浪的结束点时，此时的双峰形态作为一个上涨形态，不会与任何其他之后的上涨形态存在子浪关系，也就是说，上涨趋势到此结束了。这种上涨形态的双峰出现后，则认为双峰 3 浪结束。那么，与双峰形态有许多共性的下跌三波是否也存在这种形态规律呢？

　　想象这样一种情景，当三波的 B 浪相对于 A 浪有较大空间幅度的反弹后，C 浪如果不能有较大的下跌空间幅度，那么整个三波形态看起来将会十分的"拥挤"，这是因为 B 浪在整个三波下跌空间幅度中占据太大的比例，甚至超过 0.618 倍的三波下跌空间幅度。这种"拥挤"将会导致更大级别的 B 浪开启后，由于三波下跌的扩张性特征，更大级别的 B 浪一般需要在空间幅度上大于小级别 B 浪，那么其相对于之前三波下跌的空间幅度比例便会进一步超过之前 B 浪在之前三波下跌空间幅度中占据的比例，这相当于更大一级的 B 浪反弹 A 浪（也就是之前下跌三波形态）的空间幅度比例需要超过之前 B 浪在之前三波下跌空间幅度中占据的比例。依次类推，这或许将会导致三波下跌过程形成一个没有下跌空间幅度只有下跌时间幅度的奇怪走势。但是，在多年的观察中，市场波动的规律是唯美、简洁、流畅的，除了横盘以外，所有上涨趋势或者下跌趋势都是有其明确的方向的，当趋势不明确时，要么是趋势结束，要么是横盘趋势。因此，一个有方向性的下跌三波形态不应该是没有方向性的运动，除非其趋势即将结束。没错，当三波形态开启较为纠结的下跌后，其确实是下跌趋势结束的征兆。

　　当意识到一个三波开启纠结的下跌有可能意味着下跌趋势结束时，首先考虑的是如何给"下跌趋势纠结"一个定量化的定义。当 B 浪空间幅度仅仅为 A 浪空间幅度的 0.236 倍或者 0.382 倍时，很难凭直觉认定其为纠结的下跌过程，即其调整浪的空间反弹是弱势的。一般来讲，当 B 浪反弹幅度相较于 A 浪跌幅的比例超过 0.618 倍时，C 浪的空间幅度相较于 A 浪跌幅的比例都不会小于 1 倍，这个规律已经在 3.12 节 "C 浪空间跳跃"中进行了详细的介绍。但是，一些特别的例子引起了笔者的注意，那就是一些下跌三波形态并未遵循 C 浪空间跳跃这一规律，而且，这些形态都不是独立于前后形态的下跌三波，也就是说，其要和前后涨跌形态组成更大级别的形态并存在子浪关系。换句话说，凡是打破了 C 浪空间跳跃这一规律的下跌三波，其下跌结束后必然还有上涨趋势，并且这个上涨趋势与此三波形态存在子浪关系。

第 4 章

形态的时间比例

在上一章对上涨趋势与下跌趋势子浪空间幅度的比较中，每一个形态都同时探讨了调整浪与之前推动浪的空间调整幅度比例关系。这是因为在空间幅度的关系中，对于弱三波、双峰、五波这三个上涨形态，不同形态的调整浪与之前推动浪的空间幅度比例关系均有较大的差异。但是，在上涨趋势的子浪时间关系中，有关弱三波、双峰、五波这三个上涨形态的所有调整浪都遵循了一个法则，那就是 2 浪、4 浪这些上涨形态中的调整浪相较于之前的推动浪都没有时间幅度上的下限，且时间幅度上限均为 0.618 倍的推动浪。

在子浪空间幅度的比较中，调整浪的空间幅度与之后推动浪的空间幅度存在一定的关系，这表现在双峰 3 浪空间跳跃、C 浪空间跳跃这样的规律之中。但是，在上涨趋势子浪时间幅度的比较中，并未纳入调整浪的时间来参与之后推动浪之间的推测，这是因为正如空间优先假说所阐述的，上涨过程中调整浪的时间幅度只有上限，没有下限，这使得调整浪的时间幅度不影响之后推动浪时间幅度的大小成为一个合理的解释。

4.1　弱三波子浪时间比例

弱三波是三波形态中子浪形态关系更为严谨的形态，尤其是 1 浪与 3 浪这两个推动浪的形态存在均衡性与偏移性的交替。但是，从子浪之间空间幅度的比例关系来讲，子浪的空间幅度比例范围是较小的，无论是 2 浪调整浪针对 1 浪推动浪的空间幅度调整，还是 3 浪相较于 1 浪的空间幅度推动，都表现出了调整浪空间幅度相较于推动浪紧凑、两个推动浪空间幅度近似的偏移上涨特征。此外，无论偏移性的子浪推动浪出现在 1 浪还是 3 浪，其 3 浪空间幅度相较于 1 浪空间幅度的上限仅仅为 1.382 倍。两个推动浪之间的幅度比例稳定属性也在子浪空间特征上有类似的体现。

在弱三波的时间运行过程中，2 浪作为唯一的调整浪，其相较于 1 浪的时间幅度不存在下限。在上篇"原理篇"的 1.10 节"空间优先假说"中也已经分析过，从形态规律约束的角度来讲，上涨或者下跌均有多个维度的规律约束，因此，在时间上降低约束是一个合情合理的系统自身要求。

弱三波的 2 浪虽然没有时间幅度的下限约束，但是，2浪作为调整浪，其时间幅度与 1 浪时间幅度之比有上限。

在上涨过程中，根据最小中断比例这一规律，达到 0.382 倍之前上涨空间幅度的下跌，则上涨趋势中断。这是以空间幅度比例的视角探讨形态上的中断。但是，从时间幅度的视角来看，调整的时间幅度比例也有其导致形态中断的阈值，这个阈值就是 0.618 倍。也就是说，当上涨趋势的调整浪超过之前推动浪的 0.618 倍时间幅度时，之后的形态与之前的形态再无子浪关系。

就弱三波 3 浪时间幅度而言，弱三波形态是上涨三波中没有形态"中断"的上涨趋势，并且，其两个推动浪在均衡与偏移之间交替，3 浪推动浪在空间幅度上相较于 1 浪，其下限虽然为 0.382 倍这样看似较小的空间幅度比例，但是其上限也并未出现超过 1.382 倍这个极限比值。在空间幅度下限与上限已经限制在此范围内的情况下，可以推断在时间维度上，弱三波 3 浪的时间幅度与 1 浪的时间幅度比值上限应当也近似于空间维度的上限。另外，一个很重要的规律在于，几乎任何形态的时间维度的上限与下限总是相较于空间维度的上限与下限更为宽泛，这也符合空间优先假说所提及的对子浪空间幅度比例规律的要求总是更为严格。可以想象存在一个有关 3 浪与 1 浪之间的大于 1.382 倍上限的时间幅度比例范围。在对大量数据归纳之后发现，弱三波 3 浪的空间幅度相较于 1 浪空间幅度比例的上限为 1.5 倍。此外，无论 3 浪是五波还是三波形态，其都可以达到 1 浪时间的 1.5 倍。

图 4-1 展示了 2015 年 11 ～ 12 月上证指数的弱三波形态，其中 3 浪的时间幅度达到 1 浪时间幅度的 1.5 倍，且 3 浪为三波形态。

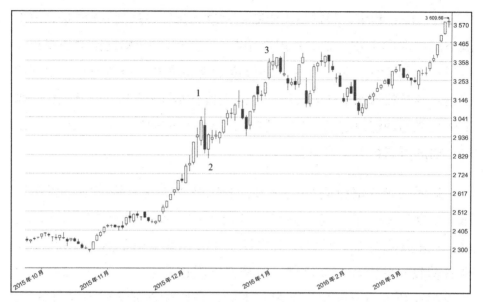

图 4-1　2015 年 11 ～ 12 月上证指数的弱三波

4.2　双峰子浪时间比例

　　一方面，从空间维度来看，双峰形态的 2 浪调整的空间幅度相较于 1 浪的空间幅度比例范围在 0.382 ～ 1 倍，这个范围的取值均值要大于弱三波 2 浪调整的空间幅度相较于 1 浪的空间幅度比例范围的取值。从时间维度来看，双峰形态 2 浪调整的时间幅度相较于 1浪的时间幅度比例范围，是否也应大于弱三波 2 浪调整的时间幅度相较于 1 浪的时间幅度比例范围呢？如果按照常规思路，这个问题的答案或许应偏向于"是"，因为运行了更大空间幅度比例的双峰 2 浪，理应有着更大的时间幅度比例。

　　另一方面，双峰形态在空间维度上的最大特点便是 2 浪调整具有形态中断的特点，其 2 浪调整的空间幅度不小于 1 浪空间幅度的 0.382 倍，这使得 3 浪与 1 浪不再像弱三波一样具有形态属性需要在均衡与偏移之间交替的要求。双峰这种空间上的中断一般来讲不能在时间维度上同步发生，否则，双峰形态将不再是双峰，而是前后没有子浪关系的不同形态。也就是说，双峰形态之所以能够称为一个完整形态，正是因为在时间维度上的连续性维持着这种形态的连接，无论形态的空间维度是否中断，只要其时间维度没有中断，那么，这个形态就没有结束，这个原则无论对上涨趋势还是下跌趋势均适用。

从以上两方面分析来看，就 2 浪的调整空间幅度相较于 1 浪的空间幅度比例的均值而言，双峰 2 浪调整比例大于弱三波的情形未必存在于时间维度。从双峰形态 2 浪调整时间幅度比例的过往历史数据来看，其 2 浪调整的时间幅度相较于 1 浪的时间幅度比例范围在 0.618 倍之内，这个数据与弱三波一致。这种巧合体现出了上涨过程中的时间幅度调整不能过长，不能超过之前推动浪的 0.618 倍，上涨形态的时空变化更多体现在子浪之间的空间幅度比例差异，而不是时间幅度的比例差异。

再看看双峰 3 浪的时间幅度相较于 1 浪的时间幅度的比例关系范围。回忆在弱三波 3 浪与 1 浪空间幅度比例的分析中，基于空间优先假说，子浪空间幅度之间的比例范围相较于时间幅度来讲更为严格。因此，当探讨双峰两个推动浪之间的时间幅度比例范围时，不妨首先回忆一下 3 浪与 1 浪之间的空间幅度比例关系。既然两者的时间幅度比例无下限，那么只需讨论两者的时间幅度的比例上限。由于 3 浪与 1 浪之间的空间幅度比例上限为 2 倍，那么两者之间的时间幅度的比例上限很可能就应当大于 2 倍。最终，通过对历史数据的分析，确定了双峰形态 3 浪与 1 浪之间时间幅度比例关系的上限为 3 倍。这个幅度的要求十分宽泛，体现出了双峰 3 浪作为 2 浪空间中断后的推动浪，其时间范围的较大自由度。

图 4-2 展示了 2016 年 5～7 月上证指数的双峰形态，其中，2 浪时间幅度为 1 浪时间幅度的 0.5 倍，3 浪时间幅度为 1 浪时间幅度的 3 倍。

图 4-2　2016 年 5～7 月上证指数的双峰

4.3　五波子浪时间比例

在五波上涨过程中，3 浪必须是五波形态的空间中心。这个"中心"

并不是一个定性的要求，而是一个定量的要求，也就是说，对于空间的中心而言，把上涨五波1浪的起点与5浪的终点连线，这个线段的中心的空间坐标应当等于3浪之中某一点的空间坐标。但要注意，把上涨五波1浪的起点与5浪的终点连线，这个线段的中心的时间坐标未必等于3浪之中某一点的时间坐标。

已知3浪在空间上的幅度不小于1浪空间幅度的1倍，不大于1浪空间的2倍。对于3浪与1浪的时间幅度比例关系，获得手段与之前3浪与1浪的空间幅度比例关系相似，也是基于3浪空间中心的思想，进而通过对全球金融市场历史数据的挖掘，得出3浪与1浪这两个推动浪的时间幅度比例上限。最终得出：3浪时间幅度相对于1浪时间幅度的比例无下限，两者的比例上限为3倍。比较3浪与1浪空间幅度的上限与下限比例范围可以知道，两者空间幅度比例上限为2倍，时间幅度比例上限为3倍，但是只有空间有下限，时间没有下限。

5浪作为上涨过程中最后的推动浪，其时空幅度应当有较为宽泛的取值范围。基于有限预测假说的思想，其5浪作为最后的推动浪，必然要扩大其时空覆盖范围来契合整个上涨五波形态的时间、空间等全部维度的规律。另外，在有关五波子浪空间幅度关系的讨论中也已指出，5浪本身具有与1浪、3浪并列的子浪属性，并且，5浪的时空幅度也有与1-3浪并列比较的属性，因此，上涨五波中的5浪时间幅度应该与1-3浪的时间幅度整体比较。

对于5浪来讲，已知其空间幅度相较于1-3浪空间幅度为0.382～1倍，也已知3浪与1浪的空间幅度比例范围为1～2倍，而时间幅度比例范围为1～3倍。那么，5浪与1-3浪的时间幅度比例是否也应当存在大于两者空间幅度比例的属性呢？从逻辑上来讲，如果 5 浪同时在空间、时间上与 1-3 浪有着平起平坐的时空幅度关系，那么，五波形态将不再是均衡性的上涨，而是偏移性的上涨，那么五波形态也就不再是五波，而是三波。由此可见，正是因为 5 浪空间幅度相较于 1-3 浪空间幅度为 0.382 ～ 1 倍，所以 5 浪时间幅度相较于 1-3 浪时间幅度比例的上限应该在 1 倍以内这一数值范围。数据回测结果也支持以上推断，最终得出：5 浪时间幅度相较于 1-3 浪时间幅度比例的上限是 0.618 倍，并且同时满足其时间幅度不应当超过 3 浪的时间幅度。

最后分析五波中的两个向下运行的调整浪，也就是 2 浪与 4 浪。在上涨过程中，几乎所有调整浪的时间幅度相较于之前推动浪的时间幅度比例范围都限制在 0.618 倍之内，即使是双峰这样在空间维度中可以中断的形态，其在时间维度上也不能中断，更何况是不存在空间维度中断的五波形态。需要解释的是 4 浪，其时间幅度受到 3 浪时间幅度与 1-3 浪时间幅度的双重约束，且均不超过 3 浪、1-3 浪时间幅度的 0.618 倍，显然，由于 3 浪的时间幅度要小于 1-3 浪的时间幅度，所以对 4 浪时间幅度的约束只剩下其相对于 3 浪时间幅度比例的约束，也就是 4 浪的时间幅度只需遵守不大于 3 浪时间幅度的 0.618 倍的比例范围即可。

图 4-3 展示了 2015 年 9 ～ 11 月上证指数的上涨五波，其中 3 浪时间幅度为 1 浪时间幅度的 3 倍。

图 4-4 展示了 2006 ～ 2007 年深证成指的五波形态，其中 5 浪时间幅度为 1-3 浪时间的 0.618 倍，且 5 浪时间未超过 3 浪时间。

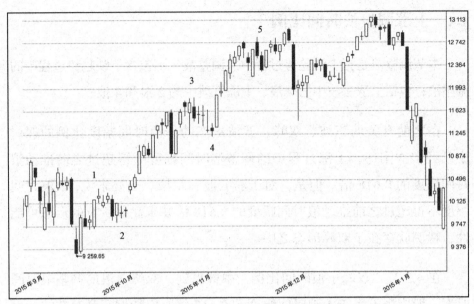

图 4-3　2015 年 9 ～ 11 月上证指数的上涨五波

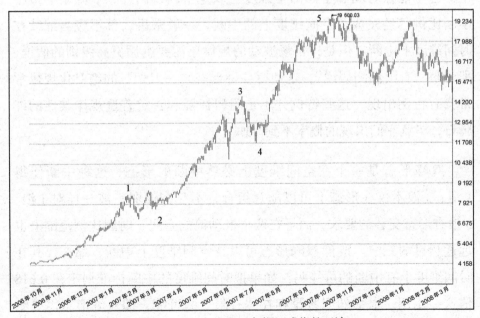

图 4-4　2006 ～ 2007 年深证成指的五波

4.4　上涨调整浪时间比例

本节调整浪是指上涨趋势过程中的调整浪，不包含下跌趋势过程中的调整浪；包括上涨三波中的 2 浪、上涨五波中的 2 浪和 4 浪。

在之前有关弱三波、双峰、五波形态的子浪时间幅度比例的探讨中已经多次阐述，上涨过程中的调整浪时间幅度不得超过之前推动浪时间幅度的 0.618 倍。但是，对于弱三波、双峰、五波来说，2 浪时间幅度不得超过之前推动浪时间幅度的 0.618 倍并未涵盖所有的形态可能性，特例就存在于双峰形态之中。

在 4.2 节"双峰子浪时间比例"中曾提到，双峰 2 浪的调整浪时间幅度一般应当不大于 1 浪时间幅度的 0.618 倍，但特例还是存在的。由于形态不能在时间和空间两个维度上双重中断，因此，双峰基于最小中断比例已经完成了空间维度上的中断，一般来讲，其不应当继续在时间维度上中断。但是，市场波动的规律还需要遵循更高级别的假说，那就是"有限预测假说"，这使得各种形态"一刀切"的绝对化规律常常会有特例出现，这些特例并不是阻碍怀疑和否定普遍规律共性的绊脚石，毕竟它们出现的概率不到 10%。

双峰形态是一个在空间维度上必然中断的形态，这种中断使得 1 浪、3 浪不仅在形态上可以随意组合，不存在像弱三波一样对 1 浪、3 浪有形态交替的要求，而且在两个推动浪的空间、时间比例范围上也远远超过弱三波。既然双峰形态可以在空间维度上中断，那么，其在时间维度上有中断的可能吗？如果把时间维度的中断标准划定在 0.618 倍这一比例，本书的回答是存在"有限"的可能，即双峰形态需要满足一些特定的要求，才能够达成空间维度与时间维度双重中断的标准——时间比例超过 0.618 倍，空间比例超过 0.382 倍。换句话说，当双峰形态不再遵循"2 浪时间幅度不得导致形态中断"这一规律时，其可以看作一种特殊的形态，或者说类似于三角形下跌的小概率形态，但是，其必须遵守双峰三波的时空规律。因此，本书并不打算为这种特殊的时空双重中断双峰单独命名。

对于双峰 2 浪在时间维度上的中断，也不是无限制地针对双峰 1 浪的时间幅度进行调整，而是不得超过 1 浪时间幅度的 1 倍。

当双峰 2 浪具有双重中断的特征后，其形态的子浪空间幅度比例也有了更多的限制。比如，其调整浪 2 浪的空间幅度不得超过 1 浪空间幅度的 0.618 倍。这表明，当双峰 2 浪的时间幅度超过 0.618 倍的 1 浪时间幅度后，其 2 浪的空间幅度极限相较于 1 浪的空间幅度比例将会从 1 倍缩小为 0.618 倍。

虽然有较低的概率使得双峰形态出现空间与时间维度的双重中断，但是，依然可以认定在绝大部分上涨过程中，调整浪的时间幅度极限为之前推动浪的 0.618 倍，这种认定也有助于在市场波动的预测中抓住大概率事件，降低小概率事件噪声的干扰。"任何调整浪相对于之前调整浪的时空幅度比例范围都不得超过 1 倍"，这个规律不适用于下跌趋势与横盘趋势。在下跌趋势中，B 浪作为调整浪，其空间幅度可以达到 A 浪空间幅度的 1 倍，其时间幅度可以达到 1 浪时间幅度的 2 倍。

图 4-5 展示了 2019 年 1 ～ 12 月日经 225 指数的双峰形态，其中，

2 浪空间幅度为 1 浪空间幅度的 0.618 倍。

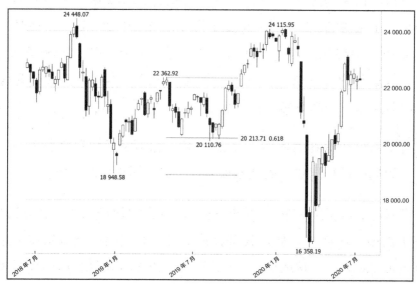

图 4-5　2019 年 1 ～ 12 月日经 225 指数的双峰

4.5　A 浪、B 浪时间比例

下跌趋势只有一种形态，并且这种形态遵循唯一的扩张性下跌属性。但是，这并不代表下跌三波形态的变化相较于上涨形态中弱三波或者五波这些形态的变化更小，恰恰相反，仅仅以一波、弱三波、双峰、五波、下跌三波这五种细分形态来比较的话，下跌三波的自身复杂性不亚于任何一个独立形态，这在上一章有关子浪之间空间幅度比例的研究中已经体现。

在空间维度中，作为调整浪的 B 浪调整 A 浪的空间幅度比例可达 1 倍，作为推动浪的 C 浪可以推动达到 2 倍的 A 浪空间幅度。正是因为下跌过程中形态变化的单一性、宽泛性，才使得下跌三波在空间、时间、方向维度有着更为多样的变化范围。

B 浪是下跌三波中唯一的调整浪。在之前对于调整浪时间的分析中，给出了基于空间优先假说的引申命题，那就是调整浪不存在时间幅度比例的下限，这也体现出一种形态运行与完成过程中的合理性规律，那就是调整浪时间维度存在上限是为了保证整体形态的连接，而其不存在下限是为了优先空间维度、方向维度达成更加迫切的形态规律的内在要求。作为与空间相对应的时间维度，其必须放弃其规律的过度约束性才能达成空间维度的强约束性，从而使得市场波动时空的合理约束性能够和谐地存在于空间与时间这两个维度之中。

由于 B 浪空间幅度相较于 A 浪空间幅度的比例范围在 $0.236 \sim 1$ 倍，在以往弱三波、双峰子浪时间幅度比例的研究中也已经提出，在同样的形态内，子浪时间幅度比例的取值范围往往要显著大于子浪空间幅度比例的取值范围。在下跌三波中，此规律在 B 浪中同样有效，由于 B 浪空间幅度相较于 A 浪空间幅度的比例取值范围在 $0.236 \sim 1$ 倍，初步推断 B 浪时间幅度相较于 A 浪时间幅度的比例取值上限大于 1 倍。最终，在 B 浪时间幅度上限的分析中，通过归纳得出其上限为 2 倍的 A 浪时间幅度。但是，达成 2 倍时间幅度的上限需要有一定的先决条件，这将在 5.3 节 "B 浪时空特征" 中进一步探讨。

图 4-6 展示了 2017 年 11 月 ~ 2018 年 2 月深证成指的下跌三波形态，其中 B 浪时间幅度为 A 浪时间幅度的 2 倍。

图 4-6　2017 年 11 月～ 2018 年 2 月深证成指的下跌三波

4.6　A 浪、C 浪时间比例

在 A 浪、C 浪空间比例与双峰子浪空间比例等这些规律的对比中已经发现，在下跌三波的趋势中，从空间维度来讲，A 浪与 C 浪两个推动浪的关系近似于双峰 1 浪与 3 浪的关系。也就是说，双峰与下跌三波各自的推动浪之间，其在空间维度中具有子浪比例的相似性，这种相似性表现为两个推动浪均可以是空间幅度最大的那一个子浪，并且可以达到或者接近另一个推动浪空间幅度的 2 倍。

从 A 浪与 C 浪两个推动浪的时间幅度比例关系来看，在多个形态中已经发现，形态内部子浪之间时间幅度比例范围的约束性一般小于子浪之间空间幅度比例范围的约束性，这体现出市场波动规律的空间优先性，时间维度上过窄的子浪比例取值范围显然不利于空间维度子浪比例取值的自由度，这违背了更为基础的思想——有限预测假说。前文已经在 A 浪、C 浪空间比例规律中提到，C 浪空间幅度相较于 A 浪空间幅度比例的取值范围是 0.618 ～ 2 倍。从经验来看，时间维度上两个推动浪的幅度比例范围应该大于空间维度。也就是说，C 浪时间幅度相较于 A 浪时间幅度比例的取值上限应当大于 2 倍。基于全球金融市场数据进行验证得出，C 浪的时间幅度比例上限为 A 浪时间幅度的 3 倍，这是一个符合逻辑推理的结果。

图 4-7 展示了 2018 年欧洲富时泛欧绩优 100 指数的下跌三波，其中 C 浪时间幅度为 A 浪时间幅度的 3 倍。

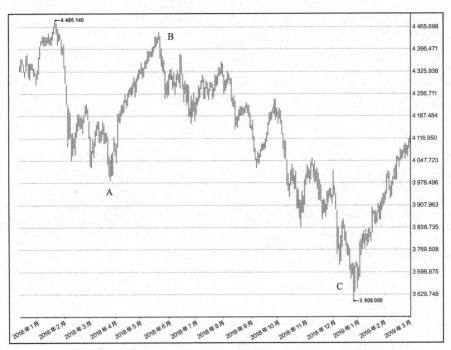

图 4-7 2018 年欧洲富时泛欧绩优 100 指数的下跌三波

第 5 章

形态子浪的时空特征

下篇"规律篇"的第 3 章和第 4 章，已经从空间维度、时间维度探讨了形态子浪之间的时空幅度比例关系。时间和空间维度的子浪比例是形态确认的重要依据，其所蕴含的基础信息决定了形态类型。但是，一些规律跨越了空间维度与时间维度的界限，有助于更进一步地理解形态内部的特性，并对判断形态走势起到决定性的作用。

5.1 1 浪、3 浪时空关系

在弱三波形态子浪之间空间幅度、时间幅度比例关系的研究中，已经从弱三波子浪空间比例这一规律中得出，3 浪的空间幅度与 1 浪的空间幅度之比的下限为 0.382，上限为 1.382，从弱三波子浪时间比例这一规律中得出，3 浪的时间幅度与 1 浪的时间幅度之比无下限，上限为 1.5。从以上两个有关弱三波时空幅度的基础信息中可以看到，弱三波形态 3 浪的时间幅度与空间幅度都不会数倍于 1 浪的幅度。考虑到 1 浪与 3 浪之间形态交替的属性，仍然需要进一步讨论两个推动浪在不同形态的前后组合下，其在子浪空间比例、时间比例上存在的特殊表现形式。

对于弱三波来讲，1 浪与 3 浪这两个推动浪存在均衡性与偏移性的形态交替。所谓均衡性是指一波或者五波形态，所谓偏移性是指上涨三波形态，其中包括弱三波与双峰。弱三波形态 1 浪与 3 浪之间必然的形态属性交替使得 1 浪为一波或者五波时，3 浪只能为三波，而当 1 浪为三波时，3 浪只能为一波或者五波。那么，当 1 浪出现不同的形态时，这将对弱三波子浪空间比例以及弱三波子浪时间比例产生怎样的影响呢？

当弱三波形态的 1 浪为均衡性的一波或者五波时，3 浪只能为偏移性的三波，此时，做一个这样的假设，假如 3 浪的空间幅度相较于 1 浪的空间幅度之比仍然存在 1.382 倍的上限取值，那么，3 浪作为一个三波形态，其空间幅度也是由一个三波形态所完成的，那么，在这个双峰或者弱三波所构成的三波中，其子浪有机会超过 1 浪空间幅度的 1 倍，显然，一个合乎逻辑的要求出现了，小级别子浪不应该在空间维度上大于一个大级别子浪。也就是说，如果 3 浪仍然可以达到 1.382 倍的 1 浪空间幅度，那么，根据弱三波子浪空间比例或者双峰子浪空间比例的规律，3 浪形态中的 3-1 浪或者 3-3 浪的空间幅度就可以大于 1 浪，那么形态子浪关系的设定就是错误的，子浪之间原有的空间幅度关系也不再成立。那么，当弱三波 1 浪为一波或者五波时，什么样的空间幅度比例要求才能让 3 浪的子浪不大于 1 浪呢？答案就是 3 浪与 1

浪的空间幅度之比不大于 1。

　　当弱三波形态的 1 浪为偏移性的三波时，3 浪为均衡性的一波或者五波。此时，1 浪作为三波形态，其子浪理论上的最大空间幅度不超过 1 浪空间幅度的 1 倍。如果 3 浪为一波形态，那么其不存在子浪划分，也就不存其子浪大于 1 浪的可能性；如果 3 浪为五波形态，根据五波子浪的空间比例，无论是五波中 3 浪的空间幅度最大，还是 5 浪的空间幅度最大，其都不可能超过总幅度的 0.631 倍。当 3 浪空间幅度为子浪中最大时，其占五波的空间幅度比例为 0.631 倍；当 5 浪空间幅度为子浪中最大时，其占五波的空间幅度比例为 0.618 倍；而 1.382 倍的 0.631 倍为 0.872 倍，仍然小于 1 浪的空间幅度。因此，当弱三波形态的 1 浪为三波时，作为一波或者五波的 3 浪，其空间幅度相较于 1 浪的上限可以为 1.382 倍，这也从形态角度证明了之前由数据归纳得到的弱三波子浪空间比例这一规律的取值上限的合理性。

　　既然断定了当弱三波 1 浪为均衡形态时，3 浪空间幅度不得大于 1 浪的空间幅度，也就等于断定了在任何情况下，作为均衡形态的子浪空间幅度都不得小于作为偏移形态的子浪空间幅度。也就是说，当 1 浪为三波形态时，3 浪的空间幅度下限为 1 倍的 1 浪空间幅度，当 1 浪为一波或者五波形态时，3 浪的空间幅度上限为 1 倍的 1 浪空间幅度。

　　基于时间维度来讲，在弱三波中，一波、五波在时间幅度上未必大于三波。从弱三波子浪时间比例这一规律的取值已知，3 浪的时间幅度最大为 1 浪的 1.5 倍，仍然可以基于之前有关空间的计算方法来计算时间，但是基于空间优先假说的思想，即使更大的时间幅度也不代表其为更大级别的子浪，因此在空间幅度上不再计算弱三波形态中两个推动浪与其子浪的时间幅度比例关系。

　　图 5-1 展示了 1995～2000 年纽交所综合指数的弱三波形态，其中 1 浪为均衡上涨一波，3 浪为偏移上涨三波。

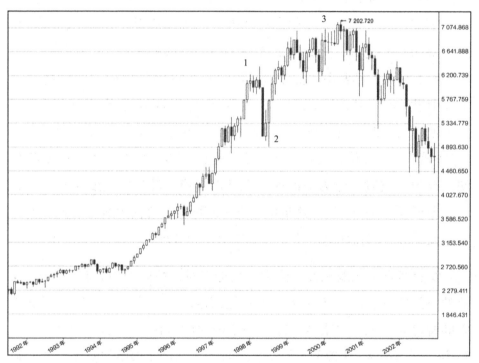

图 5-1　1995～2000 年纽交所综合指数的弱三波

5.2　2 浪、4 浪时空关系

　　在上涨五波形态中，2 浪、4 浪可看作同级别子浪，其空间幅度与时间幅度参照的调整浪时空规律分别与 1 浪、3 浪相匹配。但是，4 浪调整又同时针对 1-3 浪的时空幅度，从这一层面来说，4 浪的级别应当大于 2 浪。由于 2 浪、4 浪并不是相邻的子浪，两者的时间与空间幅度貌似并不应存在比例关系。但是，既然两者是同级别子浪，那么两者在空间幅度、时间幅度上就不应该出现过大的差异。

无论是人为地将 4 浪与 2 浪定义为同级别的子浪还是不同级别的子浪，五波形态的内在规律都不会有任何改变，只是对其理解角度有所不同。

4 浪既有与 2 浪为相同级别调整浪的一面，又有大于 2 浪级别调整浪的一面，在整体形态上仍然认定其为同级别浪。如果认定其为三波，则忽略了 2 浪与 4 浪之间为同级别调整浪的一面，同时破坏了上涨三波形态的偏移性，因此，将其单独命名为五波是最优的定义方式。

既然 4 浪具有大于 2 浪级别的一面，那么其空间幅度、时间幅度与 2 浪的比例关系会如何呢？即使仅仅考虑 4 浪与 2 浪同级别的一面，由于 3 浪无论在时间幅度还是空间幅度上都远远大于 1 浪，因此，4 浪与 2 浪在时间、空间两个维度上的比例关系是一个值得研究的问题。

首先观察 2 浪与 4 浪在空间幅度上的比例关系。2 浪的空间幅度参照 1 浪，且为 1 浪空间幅度的 0.236 ～ 0.5 倍；4 浪的空间幅度不仅参照 3 浪，为 3 浪空间幅度的 0.236 ～ 0.5 倍，而且还需要参照 1-3 浪，为 1-3 浪空间幅度的 0.236 ～ 0.382 倍。因此，考虑到 1 浪与 3 浪、1 浪与 1-3 浪的空间幅度大小关系，4 浪的空间幅度小于 2 浪的空间幅度应当是一个概率较低的事件。也就是说，4 浪的空间幅度大于 2 浪的空间幅度应当是一个较大概率的事件。

再来观察 2 浪与 4 浪在时间幅度上的比例关系。4 浪时间幅度受到 3 浪时间幅度与 1-3 浪时间幅度的双重约束，且均在 3 浪、1-3 浪时间幅度的 0.618 倍之内。显然，由于 1-3 浪的时间幅度要大于 3 浪的时间幅度，对 4 浪时间幅度的约束就只剩下 3 浪时间幅度的约束，并且 3 浪的时间幅度可以小于 1 浪，从某种意义上来讲，2 浪、4 浪在时间幅度上应当具有完全平等的关系。

　　基于以上分析，判断 4 浪应当在空间幅度上不小于 2 浪，但是在时间维度上，2 浪与 4 浪应当有平等的地位。历史数据支持了以上推断，在空间幅度关系上，4 浪空间幅度不小于 2 浪空间幅度，且不得超过 2 浪空间幅度的 2 倍。在时间幅度关系上，两者不存在时间比例的约束。

　　图 5-2 展示了 2006 ～ 2007 年上证指数的五波形态，其中 4 浪时间幅度为 2 浪时间幅度的 3 倍。

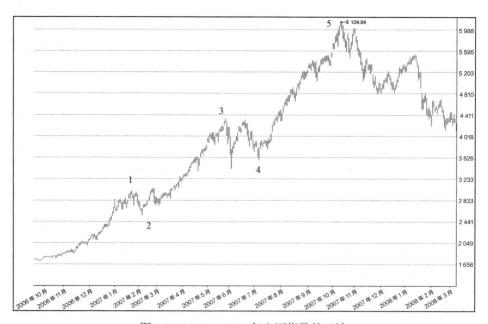

图 5-2　2006 ～ 2007 年上证指数的五波

图 5-3 展示了 2003 ～ 2007 年日经 225 指数的上涨五波形态，其中 4 浪空间幅度为 2 浪空间幅度的 2 倍。

图 5-3　2003 ～ 2007 年日经 225 指数的上涨五波

5.3　B 浪时空特征

上涨趋势有四种形态，B 浪作为下跌趋势过程中的反弹浪，其形态是一个上涨形态，这就像在上涨趋势过程中，2 浪、4 浪作为调整浪，其形态为下跌形态一样。B 浪形态是否像其他上涨趋势一样存在四种形态选项呢？

有关 B 浪时空幅度的研究已知其相较于之前推动浪有宽泛的幅度

比例范围，但是 B 浪以什么样的形态完成其时空幅度呢？B 浪作为一个下跌趋势中的上涨形态，其位置的特殊性决定了其在形态上的特殊性。不得不正视一个历史数据，那就是 B 浪在绝大多数下跌趋势中所表现出的形态属性均为偏移性上涨，也就是说，B 浪在一般情况下均为弱三波或者双峰，这体现出 B 浪作为调整浪而非推动浪的特征。B 浪作为下跌趋势中的反弹浪，其市场情绪笼罩在"熊市"氛围中，此时让 B 浪在上涨过程中存在均衡上涨是较为困难的。因此，不难想象 B 浪更频繁采用的上涨形态为偏移性的弱三波或者双峰。

但是，B 浪的形态并不是彻底限定在偏移形态之内，全球主要金融市场数据显示，B 浪也有一定的概率出现均衡形态。究其原因，做出如下推断。B 浪形态存在于下跌趋势过程之中，其偏移形态的依据在于"熊市"市场氛围难以出现"上涨趋势的共识"，但是，由于情绪的不稳定性，"上涨趋势的共识"虽然难以出现却并不意味着不能出现，因此，"上涨趋势的共识"贯穿于 B 浪反弹过程的概率并不能与零画上等号。

在 B 浪形态中，时间维度与空间维度是否也存在一些特别的联系呢？其实，在 4.4 节"上涨调整浪时间比例"中就曾探讨过这样一个现象，那就是当双峰 2 浪的时间幅度超过 0.618 倍的 1 浪时间幅度后，其 2 浪的空间幅度极限相较于 1 浪的空间幅度将会从 1 倍减小为 0.618 倍。在这里，"双峰 2 浪的时间幅度超过 0.618 倍的 1 浪"是一个时间维度的限定，而"2 浪的空间幅度极限相较于 1 浪从 1 倍减小为 0.618 倍"则是空间维度的限定，其中已经蕴含着时间幅度对空间幅度的限定（而不是空间幅度对时间幅度的限定）。在 B 浪中，也存在着一个限定，不同的是，其为空间幅度对时间幅度的限定。

　　通过对大量全球金融市场数据的归纳得出，B 浪的空间幅度决定了其时间幅度的上限。B 浪运行时间的上限遵循跳跃 – 连续假说，但是，这种跳跃与之前的双峰 3 浪空间跳跃、C 浪空间跳跃不同，前者是空间幅度下限的提升，而后者是空间幅度上限的提升。规律如下：当 B 浪空间幅度相较于 A 浪空间幅度的比例范围介于 0.236 ～ 0.618 倍时，B 浪时间幅度相较于 A 浪时间幅度的比例上限为 1 倍；当 B 浪空间幅度相较于 A 浪空间幅度的比例范围介于 0.618 ～ 1 倍时，B 浪时间幅度相较于 A 浪时间幅度的比例上限为 2 倍。

　　图 5-4 展示了 2017 ～ 2018 年国证 A 指的下跌三波形态，其中 B 浪反弹空间超过 A 浪跌幅的 0.618 倍，但是 B 浪时间幅度未超过 A 浪时间幅度的 1 倍。这是因为，虽然空间突破带给了 B 浪时间上限的提升，但是子浪时间无下限的特征使得 B 浪的运行时间仍然小于 A 浪。

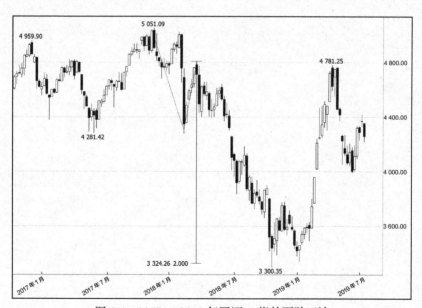

图 5-4　2017 ～ 2018 年国证 A 指的下跌三波

第 6 章

形态的方向

除了形态之外，上涨与下跌的方向是本书发现的最为重要的判断大盘趋势的方法，这种方法体现出预测的便捷性、精确性，以及时间与空间的结合性。

本章内容所阐述的规律的发现过程是基于笔者的假设性思考，而非观察所得，这在本书 1.12 节"涨跌方向假说"中已经有初步的讨论。金融市场资产价格上涨是所有潜在资金的能量释放过程，因此，上涨形态应当有一个明确的市场环境作用趋势导致的方向，这个方向虽然不是一开始就能确定的，但市场终究会在运行过程中一步步缩小最终运动方向的可能范围。下跌过程是场内资金达到一个阈值时，市场资金无法推动指数继续上涨所导致的向上能量衰竭，随之而来的抛售犹如多米诺骨牌一般，最不愿意忍受亏损的一些交易者开始抛售股票并导致亏损者继续增加的踩踏过程。当一次下跌三波无法终止下跌调整时，现有的下跌三波的调整将变为一个更大级别的 A 浪，市场将继续向下调整，直到达到股市所有持有筹码的参与者认同的心理价格后才能停止。与上涨不同，下跌三波形态可以符合下跌平行线或者下跌支撑线规律的任意一种，这也是下跌方式更加复杂多变的一面。

为何下跌三波形态中有些符合下跌平行线规律，有些符合下跌支撑线规律？弄清这个现象背后的逻辑，其难度等同于弄清为何牛市为三波或者五波上涨这样的问题。研究的目的是发现规律，但是过度揣测现象之中的本质，这或许又走到了另一个极端，在这个任何现象都要打破砂锅问到底的极端过程中，一定会犯主观的、想当然的错误，既然波浪理论体系已经是一种可观测、可验证的假说，那么在这个假说之上更进一步地建立假说是没有意义的，只需要知道市场以什么原理运行，以什么规律呈现，这就足够了。

6.1   三波筋线

在上涨形态中发现筋线的规律，并不像在形态子浪之间发现时空幅度比例关系那样顺其自然，因为，形态子浪之间存在时空幅度的比例关系是一件十分合理的事情，其本身与形态相辅相成、不可分割，在对形态进行分类的同时，就是发现形态本身子浪之间时空幅度比例关系的过程。因此，发现、优化形态定义的过程就是锁定形态子浪时空维度精确比例关系的过程。

筋线是一个不同于形态子浪时空幅度比例关系的事物，其于形态确认而言貌似可有可无，发现筋线的过程需要一些运气以及长期对市场波动形态的观察与理解。筋线的发现起始于对上涨资金推动的思考，如果股市上涨是所有潜在资金的一个能量释放过程，那么上涨形态应当有一个明确的市场环境作用趋势导致的方向，这个方向的作用力导致的上涨运动虽然不像经典力学那样一开始就能确定其运动轨迹与终点，但市场终究会在运行过程中一步步缩小最终运动方向的可能范围，这种方向可能范围的缩小过程一部分依赖于形态的确定，另一部分依赖于筋线选择的确定。当把所有已经完成的上涨一波、三波、五波形态的起点与终点相连接后，一个令人吃惊的现象摆在面前，除了一波之外，这些直线无一例外地穿越了三波 2 浪、五波 4 浪的 A 浪或者 C 浪的起点或者终点。

筋线的本质是形态空间、时间运行过程共同作用在形态开始、发展、结束中的结果。上涨形态的筋线从多种可能性到最终唯一性的确认，理论上来讲要在形态结束时才能够完全确定，但是，在形态发展的过程中，往往概率最大的形态在形态发展中期就能基本确定，这给判断趋势的时空运行方向带来了十分重要的工具。

筋线本身在任何形态级别都不会失效，也就是说，在预测一个形态的走势时，可以同时预测大级别形态与小级别形态的筋线，两者相交处便为上涨趋势的结束点，从而可推断出最合理的上涨趋势运动方向。

双峰筋线的规律性与弱三波完全相同，这本身也表明弱三波和双峰本身都是同属性的三波形态。三波形态的筋线规律本质是相同的，其本身也包含了时间与空间的双重影响因素。筋线规律让三波形态运行的过程中有了方便、高效、精准的趋势判断方式。

至于四种筋线的出现频率，穿过 2 浪起点、终点的筋线出现的频率稍低。这是因为三波形态本身代表了市场上涨趋势的弱势，因此其在 3 浪过程中难以走出穿过 1 浪起点与 2 浪起点直线的筋线。另外，双峰 2 浪的调整空间幅度偏大，有时甚至会回调整个 1 浪幅度，此时，筋线也显然不会沿着穿过 1 浪起点与 2 浪终点的直线方向运行。虽然历史数据能够给出哪种筋线出现的频率更高，但是这些差别并不是判断筋线以及趋势的方式，历史数据只能提供部分参考。无论是弱三波还是双峰，四种筋线都在三波形态中出现过多次。

需要指出一个非常重要的有关弱三波内部子浪方向的规律：弱三波中的均衡推动浪（一波、五波）筋线斜率应当不小于偏移推动浪（三波）筋线斜率，且这种约束仅仅基于子浪主体，不包括针对子浪的横盘。

图 6-1 展示了上证指数 2017 年 1 月 17 日开始的弱三波形态的筋线。当时间走到 3 月 10 日的时候，初步判断弱三波的 2 浪已经走完 C 浪，这时，根据三波筋线这一规律，可以画出四条可能成立的筋线 A、B、C、D。可以看出，A 线的斜率太大，D 线的斜率又过小，可以初步推断 B、C 线成立的可能性较大。当时间运行到 2017 年 3 月 27 日，弱三波已经开始走出形态为双峰的 3 浪。弱三波形态的 C 筋线被形态运行趋势所触碰，至此再结合空间、时间等规律，可以得到一个较大概率的可能性——弱三波形态已经在此处结束。

图 6-2 展示了 2020 年 3 ～ 9 月标普 500 指数的弱三波上涨，其筋线穿过 2 浪终点。

图 6-1　2017 年上证指数的弱三波筋线

图 6-2　2020 年 3～9 月标普 500 指数的弱三波

图 6-3 展示了日经 225 指数 2012 ～ 2018 年的双峰牛市，筋线穿越 2-A 浪的终点。

图 6-3   2012 ～ 2018 年日经 225 指数的双峰

图 6-4 展示了 2022 年 2 月标普 500 指数的 B 浪调整，筋线穿越 2 浪终点，也就是 2-C 浪终点。

图 6-5 展示了 2020 年 3 月～ 2021 年 9 月上证指数的双峰上涨，筋线穿越 A 浪终点。

图 6-6 展示了 2019 年上证指数的弱三波，其中 1 浪为一波，3 浪为三波，不考虑 1 浪的横盘，1 浪与 3 浪的运行斜率相等。

图 6-4 2022 年 2 月标普 500 指数的 B 浪

图 6-5 2020 年 3 月～ 2021 年 9 月上证指数的双峰

图 6-6　2019 年上证指数的弱三波

6.2　五波筋线

上涨趋势中的形态存在方向性，这种方向性存在规律性，表现在形态上即为筋线。五波筋线规律与三波不同，2 浪约束 3 浪终点，4 浪约束 5 浪终点，且遵循筋线穿越 A 浪、C 浪的起点或终点四种可能性。也就是说，五波终点由 4 浪决定，3 浪终点由 2 浪决定。

任何级别的上涨过程都由唯一的筋线主导着形态发展的方向，但是，筋线的存在是否意味着一个五波上涨在初期就已经确定了方向？

当然不是。筋线这种"唯一"的主导过程并不是在形态开始之初就已经决定的，而是在形态的发展与演化过程中，伴随着形态的确认而最终确定出一条唯一的筋线。正如本书在上篇"原理篇"1.3节"有限预测假说"中提到的，股市运动的下一个位置是由连续变化的波函数来主导的，因此五波的终点必然随着五波形态的发展而不断地调整，上涨终点最终落在哪个位置，这是一个概率选择的过程。

在五波中，子浪之间没有斜率的约束性：3浪斜率可以小于1浪，5浪斜率可以大于3浪。市场波动规律的本质是简洁、宽松、自然，如果有过度的限制，那就会失去有限预测的特征。

当五波形态暂时没有结束时，当然可以假设存在四种可能的筋线，但是在趋势完成4浪并确认四种可能的筋线时，更加可能的情况是其中一条或者几条筋线的方向已经很难满足其他形态级别的筋线规律，或是从空间、时间上难以符合其他规律。

任何周期级别的形态都需要遵守筋线规律，这也意味着筋线可以通过大小级别相结合来预测牛市顶部的时空位置。

图6-7展示了上证指数2015年大牛市的五波筋线，3条备选筋线穿过了4浪（由于4-b浪较为短小，穿越4-a浪终点的筋线与穿越4-c浪起点的筋线基本在图中B线重合）。当5浪创出新高后，怎样判断5浪将在哪里结束呢？可以发现下面2条筋线的斜率过低，那么最上面那条筋线就是最可能的选项了。

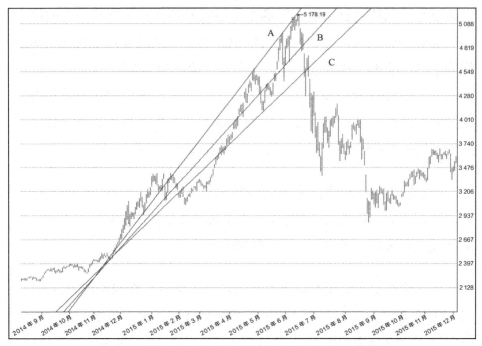

图 6-7　2015 年上证指数的五波筋线

接下来，需要画出五波中 5 浪的筋线。5 浪在运行过程中有一个快速下跌的过程（2015年 5 月 28 ～ 29 日），其跌幅超过了 5 浪先前涨幅的 0.382 倍，这使得 5 浪大概率走出双峰形态，根据双峰筋线规律，可以画出如图 6-8 所示的四种潜在的双峰筋线（由于 5-2-b 浪较为短小，穿越 5-2-a 浪终点的筋线与穿越 5-2-c 浪起点的筋线基本在图中直线 2 重合）。显然，在属于 5 浪的四种筋线之中，1 线已经与 A 线相交完毕，3 线与 A 线互为平行线永远不会相交，只有 2 线与 A 线存在一个合理的相交位置。最终，2015 年的 A 股牛市在不同级别的 2 条筋线相交处结束。在这个例子中，可以在 5-2 浪结束后基本确认上证指数 2015 年大牛市的时空结束位置。从此例可以看出，大小级别筋线相交是判断趋势结束点的有效手段。

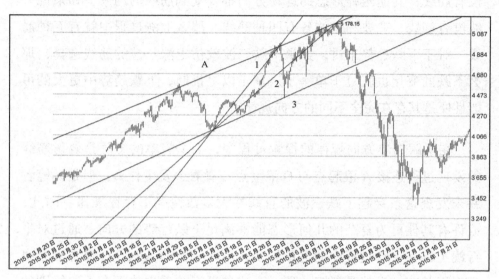

图 6-8　2015 年上证指数五波的 5 浪筋线

6.3　下跌平行线

上涨形态的筋线几乎与下跌平行线、支撑线同时被发现，并且这种差异性也再次证明了上涨趋势与下跌趋势内涵的差异。

当发现筋线这一上涨形态的特征后，直觉是下跌形态也应当具有方向性，虽然这种方向性很可能未必遵守筋线这一规律，但是应当有一个与上涨趋势相对应的方向规律存在于下跌趋势之中。

上涨过程与下跌过程存在不同的方向规律的指引，这种差异很容易让人觉得是由"上涨趋势由资金驱动"以及"下跌趋势由情绪驱动"

这样的本质差异所导致的。上涨有三种最基本的形态，除了一波形态没有筋线，其他两种形态的运动方向都要受到筋线的约束，如果说一波没有筋线，三波和五波各有四种筋线，那么上涨过程中就有五种筋线。对于下跌趋势来讲，如果下跌三波效仿上涨三波的筋线选择，那么下跌的变化也就过于单一了。基于以上推断，下跌趋势中更大的可能性便是其存在完全不同的方向规律。

在下跌趋势方向规律的探索过程中，一个简单的想法是效仿筋线的发现过程连接 A 浪起点与 C 浪终点，看看会发生什么，但是，笔者并未发现这条穿越下跌三波的直线在大多数情况下存在规律。因此，或许有其他更为复杂的几何形态能够满足下跌趋势的方向。通过对平行线工具在下跌过程中的运用发现，下跌三波的 A 浪、C 浪常常会出现平行状态，也就是斜率一致，且这种平行关系也体现在子浪级别的形态之中，这种推动浪平行的特征也是本书把下跌形态称为扩张性形态的根本原因。

在大多数情况下，下跌三波的方向都遵循下跌平行线规律。这种判断或许与大多数人的直觉不符，原因如下：首先，下跌过程还可以遵循下跌支撑线规律；其次，下跌平行线系统并不只有 A 浪、C 浪平行这种单一选项，还有 A 浪与 C 浪子浪平行的选项，这将在 6.5 节"下跌平行线扩展"中详细阐述；最后，横盘对于平行线的构建有着关键影响。因此，下跌趋势的方向并不仅仅存在 A 浪、C 浪平行这样简单甚至单调的规律，A 浪、C 浪还可以另一种斜率关系存在，那就是下跌支撑线规律。

　　由于下跌过程总是以三波形态出现，这使得基于市场波动的形态和空间、时间比例来判断它们之间的关系往往会出现过多的可能性。如果能够掌握方向的规律，将会极大地提升市场趋势预测的准确性。

　　图 6-9 展示了恒生指数 2007 年 11 月～ 2008 年 10 月所运行的下跌三波熊市，可以看到，A 浪、C 浪为平行关系，之后的横盘趋势针对整个 ABC 三波，因此并未纳入 C 浪的时间、空间、方向计算。

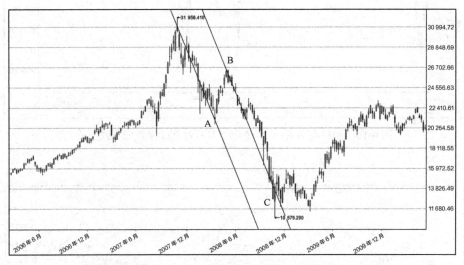

图 6-9　2007 年 11 月～ 2008 年 10 月恒生指数的下跌三波

　　图 6-10 展示了日经 225 指数 2015 年 6 月～ 2016 年 2 月之中运行的下跌三波，可以看到，A 浪、C 浪为平行关系，C 浪之后走出了横盘。

　　图 6-11 展示了德国 DAX 指数 2007 年 12 月开始的下跌三波，可以看到 A 浪、C 浪平行。

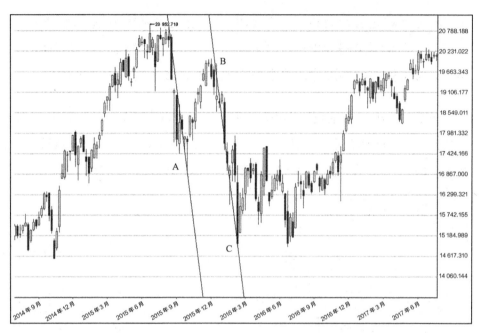

图 6-10 2015 年 6 月～ 2016 年 2 月日经 225 指数的下跌三波

图 6-11 2007 年 12 月开始的德国 DAX 指数的下跌三波

6.4　下跌支撑线

下跌平行线规律并不是下跌形态方向遵循的唯一规律，下跌形态方向也可以遵循下跌支撑线规律。

下跌支撑线规律其实是在整个下跌趋势中最容易被发现的方向规律，下跌平行线规律需要两条直线才能体现，而下跌支撑线规律只需要一条直线就可以体现。

下跌支撑线规律的本质是在一个下跌三波趋势中，A 浪与整个三波形态的方向（斜率）保持一致。也就是说，下跌三波从 A 浪结束时就确定了整个三波的下跌方向，这与下跌平行线规律是不同的。下跌平行线这一规律虽然体现了 A 浪与 C 浪会出现同样的下跌方向（斜率），但是，A 浪结束后，整个三波的下跌方向其实并未确定，因为 B 浪的终点以及 C 浪的时空幅度都还没有确定，C 浪的结束点落在哪里还有很大的变数。

正如在 6.3 节"下跌平行线"中所述，当发现了上涨趋势中存在"筋线"这样的规律后，第一个反应是下跌趋势中将会呈现怎样的规律性呢？当尝试去连接 A 浪起点以及 C 浪终点后发现，基于形态、空间、时间维度确定的下跌三波中，一些形态的 B 浪起点落在了连接 A 浪起点和 C 浪终点的这条线上。但是，大部分的下跌三波形态还是未能呈现出这样的规律，更多三波形态呈现出的是，这条连接 A 浪起点和 C 浪终点的线段穿过了 B 浪，这里其实体现出一个重要的规律，那就是 A 浪、B 浪、C 浪并不能随意运动，其需要被限定在一个非常严格的范围之内，譬如，C 浪并不能在下跌过程中击穿穿越 A 浪首尾的那条直线，也就是说，当A浪形成一定级别后，整个三波的最大斜率也将被锁定，之后的C浪作为推动浪，虽然其自身斜率可以大于A浪，但是对于整个三波来说，其极限斜率不得超过A浪。

再回过头来思考下跌平行线规律对三波形态斜率的影响。由于下跌三波可以符合下跌平行线规律，因此，下跌三波的整体斜率必然小于A浪，这就表明，在符合下跌平行线规律的下跌三波中，由于B浪的向上调整破坏了A浪原有的趋势以及C浪与A浪的平行关系，所以三波的斜率必然会大于A浪的斜率。也就是说，下跌三波如果选择了下跌平行线规律，其在更大级别形态上的斜率应当是逐渐减小的。

下跌平行线与下跌支撑线构建了这样一个下跌方向的系统，下跌三波的方向变化过程是一个相对A浪的斜率变化过程，这个变化过程只有一个趋势，那就是更大级别的下跌三波必须在斜率上不大于更小级别的下跌三波斜率，并且只有遵循下跌支撑线规律的下跌三波，才能在更大级别的下跌三波斜率上等于更小级别的下跌三波斜率。而部分下跌三波趋势由于遵循下跌平行线规律，所以更大级别的下跌三波斜率只能小于更小级别的下跌三波斜率。

下跌平行线与下跌支撑线这两个规律所构建的下跌方向系统还并不完备，之后还要在6.5节"下跌平行线扩展"与6.6节"下跌支撑线扩展"中进行更为深入的阐述。

图6-12展示了上证指数2016年7月13日开始的下跌三波，画出穿过起点和终点的直线后可以看出，B浪起点恰好被这条直线穿过。

图 6-12　2016 年 7 月 13 日开始的上证指数的下跌三波

图 6-13 展示了法国 CAC40 指数 2007 年 6 月开始的下跌三波，可以看出其满足支撑线规律。

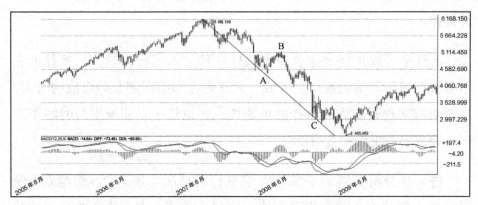

图 6-13　2007 年 6 月开始的法国 CAC40 指数的下跌三波

6.5 下跌平行线扩展

下跌三波中的 A 浪与 C 浪这两个推动浪可以平行（斜率相等），但并不是所有下跌三波形态中两个推动浪都存在平行关系。据不完全统计，符合下跌平行线规律的下跌三波占所有下跌三波的比例约为 50%。那么，还有哪些其他的下跌方向规律呢？

通过对大量下跌三波形态的观察，一些不同于下跌平行线规律的关系浮现出来。虽然一些下跌三波没有遵循下跌平行线这一规律，但是仍然能够观察到一些 C 浪的子浪呈现出与 A 浪平行的关系。虽然 C 浪不再与 A 浪存在平行关系，但是，C 浪的两个推动浪也就是 C-a 浪、C-c 浪却可以与 A 浪存在平行关系。进一步观察发现，如果将 A 浪斜率称为基准斜率，那么过 C 浪起点做一条与基准斜率相等的直线，且称之为 C 浪基准斜率线，当 C 浪终点落在 C 浪基准斜率线右侧时，则下跌三波呈现出如下规律：C-a 浪、C-c 浪可以同时与 A 浪平行，或者仅仅 C-a 浪、C-c 浪其中之一与 A 浪平行。本书称之为下跌平行线扩展规律。

下跌平行线扩展规律表现出这样一种形态运行哲学，那就是形态不会按照过于简单的规律去完成，尤其是在形态刚刚开始形成的时候，一定会有多种时空方向选择的可能性，这也给了空间维度与时间维度配合完成形态更大的自由度。

进一步分析 C 浪的子浪与 A 浪平行的情况。如果 C-a 浪与 C-c 浪同时与 A 浪平行，那么此时 C 浪不会与 A 浪平行是一个不难理解的结果。如果仅 C-a 浪与 A 浪平行，则 C-c 浪不能与 A 浪平行，那么 C-c

浪处于一个怎样的方向状态呢？如果 C-a 浪、C-c 浪这两个推动浪的关系遵循下跌支撑线规律，考虑到 C-a 浪与 A 浪平行，相当于 C 浪与 A 浪平行，那么显然不符合"仅 C-a 浪与 A 浪平行"这一假设的前提条件。此时，C 浪的子浪只能继续延续下跌平行线扩展状态，并且 C-c-a 浪或者 C-c-c 浪其中之一或者两者同时与 C-a 浪平行。也就是说，下跌平行线扩展这一规律一旦触发，整个下跌三波只存在唯一的基准斜率，并可以在更小级别的三波内部实现。

还有一种情况是仅 C-c 浪与 A 浪平行，则 C-a 浪不能与 A 浪平行，那么 C-a 浪处于一个怎样的方向状态呢？此时，C-a 浪应当结束在 C 浪基准斜率线的右侧，此时，C-a 浪的斜率已经小于 A 浪斜率，为了符合 C-c 浪与 A 浪平行这一规律，C-c 浪的斜率必须大于 C-a 浪的斜率，那么 C-a 浪、C-c 浪这两个推动浪必然满足下跌支撑线规律状态。事实上，当任何级别的 C-a 浪、C-a-a 浪等终点落在 C 浪基准斜率线的右侧时，将只能是 C-c 浪与 A 浪平行，整个下跌三波形态只能符合下跌平行线扩展规律且 C 浪符合"下跌支撑线"规律。

图 6-14 展示了 2018 年欧洲富时泛欧绩优 100 指数的下跌三波，其中 C-c 浪与 A 浪平行，C 浪内部遵循下跌支撑线规律。

图 6-15 展示了深证成指 2018 年 3 ～ 4 月的下跌三波。其中 C-a 浪与 A 浪平行，符合下跌平行线扩展规律，值得注意的是，C-c 浪与 C-a 浪之间也符合下跌平行线扩展规律。

图 6-16 展示了 2015 年国证 A 指的下跌三波，其中 C-a 浪、C-c 浪与 A 浪分别平行，符合下跌平行线扩展规律。

图 6-14　2018 年欧洲富时泛欧绩优 100 指数的下跌三波

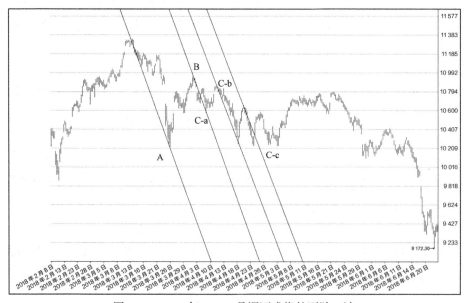

图 6-15　2018 年 3 ～ 4 月深证成指的下跌三波

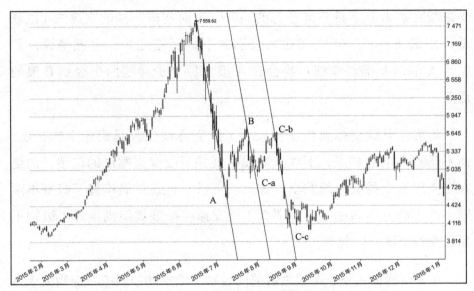

图 6-16　2015 年国证 A 指的下跌三波

6.6　下跌支撑线扩展

如果说下跌平行线存在下跌平行线扩展这一特殊情况，那么下跌支撑线存在下跌支撑线扩展这样的特殊情况貌似也合理。

回顾由下跌平行线过渡到下跌平行线扩展的过程，不难发现，两者的相似点就是 A 浪构建了一个基准斜率，之后至少有一个次级别推动浪必须按照此基准斜率完成下跌形态。下跌平行线扩展导致了下跌三波形态整体上的斜率进一步减小。

由下跌平行线过渡到下跌平行线扩展的过程导致下跌三波形态整体上的斜率减小，若下跌支撑线需要做出相反回应，就需要使得下跌支撑线不会导致下跌三波形态整体上的斜率减小，这就要使 A 浪的支撑线在扩大到下跌三波形态的同时，进而使得三波的支撑线（也就是 A 浪的支撑线）扩大到更大级别的下跌形态之中，也就是说，起始于 A 浪的基准斜率线，将会在 A 浪之后至少穿越两个级别 B 浪的起点。

其实，下跌支撑线扩展相较于下跌支撑线仅仅是思想上的扩展，而不是技术上的扩展，下跌支撑线扩展并不改变支撑线的位置，而是在更大级别上的支撑线共享。如果说下跌平行线扩展诠释了级别不断减小的下跌方向斜率共享，那么下跌支撑线扩展规律则诠释了级别不断扩大的下跌方向共享。

在平行线体系下，A 浪之后的同级别下跌推动浪斜率不应当大于 A 浪，但是在支撑线体系下，A 浪之后的同级别下跌推动浪斜率必须大于 A 浪。

在平行线体系下，A 浪下跌方向的斜率所延伸出的平行线为同级别推动浪的下跌方向，但是在支撑线体系下，A 浪下跌方向的斜率所延伸出的支撑线为更大级别推动浪的下跌方向。

图 6-17 展示了 2019 年 10 月标普 500 指数的下跌三波，其中 A 浪与下跌三波跨级别共用一条支撑线，符合下跌支撑线扩展这一规律。

6.7　上涨过程约束

在本章之前的内容中，介绍了上涨趋势、下跌趋势过程中的方向规律，其中，上涨趋势与下跌趋势各自构建了完全不同的方向规律体系，

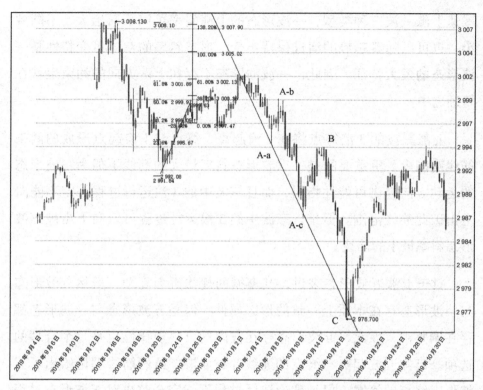

图 6-17 2019 年 10 月标普 500 指数的下跌三波

这些规律的发现对判断趋势有着重要的价值。但是，上涨、下跌过程中是否还存在着其他规律呢？答案是肯定的，这个规律的内涵与应用不同于筋线、平行线、支撑线，但是又与以上概念有着部分画线上的重合。

在上涨过程中，笔者发现了筋线对于三波、五波趋势运行终点的方向性引导，在这个过程中，市场运动是否也有类似的约束呢？

一波形态不存在筋线，并且其存在加速上涨一波、匀速上涨一波、减速上涨一波三种类型，一波形态的上涨斜率可以不断增大、不断减小，也可以随着趋势的演进保持不变，形态斜率的双向可变特性是一波形态的最大特征。因此，一波的形态不存在上涨方向的约束也就在情理之中。

上涨三波的 3 浪终点将在 2 浪起点、终点与 1 浪起点形成的两条筋线范围内。更重要的是，三波形态斜率最大的筋线不但为三波形态的运动方向提供可能性指引，而且三波中的 3 浪运行过程一定不能向上击破此筋线范围。但是，三波中的 3 浪运行过程可以向下击破三波形态斜率最小的筋线。

对于上涨五波形态来讲，其遵循的规律更为复杂。虽然五波形态与一波形态存在本质上一致的形态属性，但是五波形态与三波形态都存在调整浪，因此，五波形态存在方向约束的规律性也是一个合理的选项。已知五波起点与终点的连线穿过 4 浪，虽然筋线理论给出了五波形态终点的答案，但是理论演绎过程不能完全解决对五波形态过程中 3 浪、4 浪运动规律的疑惑，这些问题在一波、三波形态中都是不存在的，因为上涨一波不存在上涨的过程约束，上涨三波的 2 浪之后只有一个推动浪，对其约束的过程与筋线约束并无差异。通过对历史上主要五波形态的研究后发现，五波形态的筋线展示出这样的特征，那就是在上涨形态中，2 浪起点与 1 浪起点组成的筋线构成了对 3 浪运行过程中斜率上限的约束，4 浪起点与 1 浪起点组成的筋线构成了对 5 浪运行过程中斜率上限的约束。与三波相似，不存在筋线对波浪运行过程中斜率下限的约束。

图 6-18 展示了 2019 年 1 ～ 2 月标普 500 指数的一个均衡上涨形

态。根据上涨过程约束规律，此形态不应被归为五波，而是一波。在五波错误数浪时，"5浪"时间超过"3浪"也佐证了这一判断。

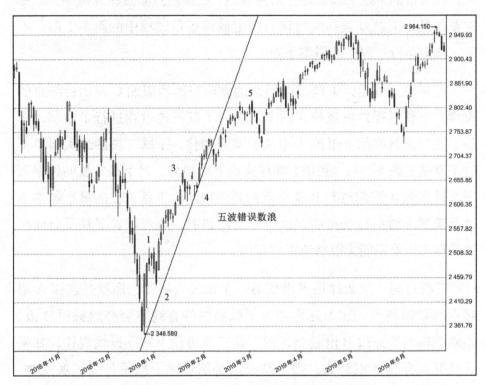

图6-18 2019年1～2月标普500指数的一波

6.8 下跌过程约束

上一节已经探讨了上涨方向受到的约束，事实上，下跌方向也会受到类似的约束。

由于上涨形态与下跌形态天然的属性差异，涨跌形态之间的方向约束存在差异也实属正常。在上涨三波形态的约束规律中，用同样的方法画出 A 浪起点与 B 浪起点和终点的两条直线，通过这种画线方式，在大量的下跌三波形态中对照发现，C 浪终点必然在此范围内。更重要的是，下跌过程约束规律只限定波浪运行过程中的斜率上限，不限定波浪运行过程中的斜率下限。

在 B 浪完成后，下跌三波形态的方向将彻底限制 C 浪运行终点的规律。下跌过程约束规律在两个层面对下跌三波过程进行了限制，一是下跌三波斜率的上限被 A 浪的斜率限制住，下跌三波的最大斜率不过是遵循下跌支撑线（扩展）规律完成下跌趋势，而下跌三波的斜率下限又被穿越 A 浪起点与 B 浪终点的直线限制；下跌三波的最小斜率不过是遵循下跌平行线扩展规律完成下跌趋势，这意味着下跌平行线扩展的形态极限不能无限制地横向延伸。

下跌过程约束规律还可以从另一个角度去解读，那就是连接 A 浪起点与 C 浪终点，这条且称之为下跌筋线的直线将会必然触碰 B 浪。如果下跌筋线穿过 B 浪起点，则下跌三波遵循下跌支撑线规律，如果下跌筋线穿过 B 浪终点，则下跌三波必然遵循下跌平行线扩展规律。像这样对于下跌过程约束规律的阐释让人联想到一个延伸出的规律：如果 C 浪中的 C-b 浪还在 C 浪基准斜率线左侧且未触碰 C 浪基准斜率线，除非三波遵循下跌支撑线规律，否则 C 浪还未结束。

对于下跌三波来讲，小级别三波的斜率永远大于或等于更大级别三波的斜率。这个规律可以帮助判断下跌趋势的斜率极限，因为一个相对小级别的三波斜率决定了整个三波斜率的上限。与下跌趋势类似，三波与五波形态仍然遵循上涨过程约束规律，小级别推动浪的斜率决定了整个三波或者五波斜率的最大值，但一波形态是个特例。一波形态可以以加速一波完成，上涨趋势的斜率可以不断增大。

在本章中，发现了上涨趋势与下跌趋势过程运动方向的精确规律，这些方向上的信息仍然基于空间与时间，但是它们又跨越了空间与时间，并结合两类维度不同的信息，对上涨趋势与下跌趋势做出了精密的方向指引。这些规律虽然简单，却展现出市场波动规律中最奇妙的特征。

图 6-19 展示了 2018 年 10 ～ 12 月标普 500 指数的下跌三波，A 浪应在左侧箭头结束，它保证了 C 浪符合下跌过程约束规律。

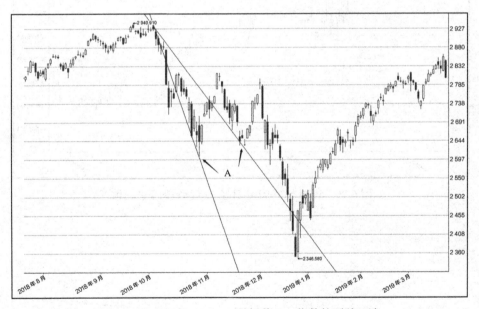

图 6-19　2018 年 10 ～ 12 月标普 500 指数的下跌三波

符合下跌平行线扩展规律的下跌三波也需符合下跌过程约束规律。

图 6-20 为 1990 ～ 1992 年日经 225 指数的下跌三波形态，其方向符合下跌平行线扩展规律。可以看出，其 C 浪终点在 A 浪起点与 B 浪终点组成的约束线上。

图 6-20　1990 ～ 1992 年日经 225 指数的下跌三波

第 7 章

横　　盘

横盘是与上涨、下跌并列的趋势类型。如果说上涨趋势、下跌趋势是涨跌形态的组合，那么横盘也一样。当对涨跌形态的空间、时间、方向全部研究透彻之后，还不能十分准确地预测市场趋势的走势，这是因为还有横盘趋势存在，只有在弄清横盘趋势的运动规律之后，才可以完整地掌握整个市场波动的三种趋势状态。

把横盘放在本书靠后的位置介绍并不是因为其不重要，而是因为横盘自身的趋势逻辑、形态内涵、形态规律与上涨形态和下跌形态差异太大，而且横盘本身就是一组涨跌形态组合而成的，只有掌握了涨跌形态的时空、方向规律，对横盘的研究才能够站在更高的角度。

从逻辑角度来讲，为什么能够确定一个形态组合属于横盘呢？这是因为首先建立了上涨、下跌、横盘三种趋势的分类，然后，对上涨形态、下跌形态进行分类，最后，从空间、时间、方向维度上定义了形态的属性。把上涨形态与下跌形态从纷繁复杂的市场波动的连续过程中分离出来之后，剩下的形态组合就是横盘了。这也是最后才进行横盘趋势研究的主要原因。

横盘趋势中的子浪关系不适合使用现有上涨或者下跌的子浪命名，需要重新命名。可以把顶部横盘的下跌浪称为 W1 浪，上涨浪称为 W2 浪，把底部横盘的上涨浪称为 M1 浪，下跌浪称为 M2 浪。

7.1　顶部横盘与底部横盘

正式研究横盘之前，需要给它一个明确的定义，脱离横盘二字的固有印象，通过定量化的概念锁定横盘这一市场波动趋势的概念范围。横盘应当是对之前上涨趋势或者下跌趋势的形态进行横向调整的过程，这种调整需要以相当的空间幅度来保证。横盘可以出现在任何子浪位置之后。

横盘作为一种趋势状态，其完全不同于上涨或者下跌，但是，其又是上涨形态与下跌形态的前后组合。底部横盘由下跌三波结束后的上涨形态 + 下跌形态组成，顶部横盘由上涨一波、三波、五波结束后的下跌形态 + 上涨形态组成。横盘的空间调整可以针对之前推动浪的任何一个级别展开，横盘趋势必须由上涨形态与下跌形态组合而成，并且 M1 浪、W2 浪为上涨形态，遵循所有上涨形态的规律，W1 浪、M2 浪为下跌形态，遵循所有下跌形态的规律。横盘 W1 浪、M1 浪负责完成针对推动浪的空间调整，之后的 W2 浪、M2 浪负责完成与横盘 1 浪相反的趋势过程。

横盘可以说只有一种分类方式，那就是分为顶部横盘与底部横盘，任何级别的顶部横盘遵循同样的时空规律，同样地，任何级别的底部横盘也遵循同样的时空规律。顶部横盘与底部横盘，其内部子浪的空间幅度比例与时间幅度比例相差极大，这就像上涨三波与下跌三波的差异，虽然形态上只是运动方向相反，但是子浪之间的时空关系却完全不同。

由于空间优先假说已经在涨跌形态的时间维度中充分展现，因此，横盘时间的下限可以初步认定为不存在。根据最小调整比例规律，横盘对于针对浪的空间幅度调整至少应达到 0.236 倍。对于顶部横盘来讲，下跌浪 W1 浪的空间幅度不小于之前针对推动浪涨幅的 0.236 倍；对于底部横盘来讲，上涨浪 M1 浪的空间幅度不小于之前针对推动浪跌幅的 0.236 倍。

横盘存在于上涨形态与下跌形态之间，顶部横盘是上涨趋势结束后市场不能够立刻开展下跌趋势的市场状态，底部横盘是下跌趋势结束后市场不能够立刻开展上涨趋势的市场状态。

横盘的针对浪可以是任何级别的形态，并且任何形态之后都可以存在横盘。大部分横盘趋势仅针对小级别推动浪而不是整个上涨或者下跌形态。

上涨趋势中的 2 浪、4 浪调整浪以及下跌趋势中的 B 浪调整浪之后也可以出现横盘趋势。

图 7-1 展示了 2016 年欧洲富时泛欧绩优 100 指数的底部横盘，其处在针对之前牛市的完整下跌三波之后。

图 7-2 展示了 2007 年年底国证 A 指的顶部横盘，其为针对 2007 年 A 股大牛市的横盘。

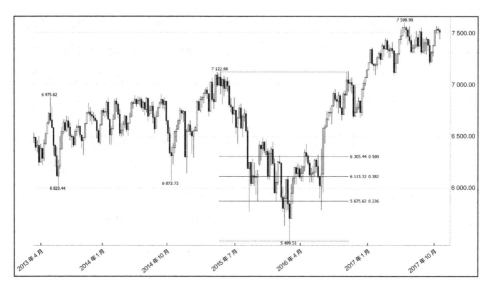

图 7-1 2016 年欧洲富时泛欧绩优 100 指数的底部横盘

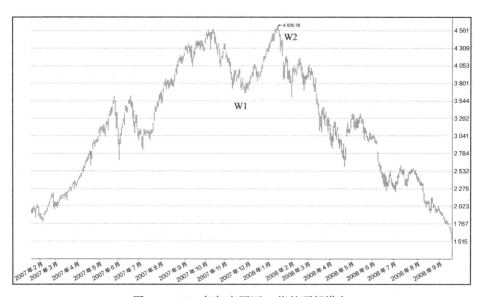

图 7-2 2007 年年底国证 A 指的顶部横盘

7.2　横盘时间与空间

在上一节中，定义了横盘的位置和最小空间幅度。本节将详细阐述底部横盘与顶部横盘的空间幅度、时间幅度相较于针对浪时空幅度的上限与下限。

顶部横盘与底部横盘是两种不同的形态组合，两者在空间幅度、时间幅度上的差异很大，这两者的差异类似于上涨三波与下跌三波的差异。

首先思考底部横盘、顶部横盘分别与针对浪空间幅度的关系。底部横盘的M1浪在空间上的方向与之前针对浪运动的方向是相反的，因此在某种程度上，横盘也是针对浪的一种调整浪。既然是一种调整浪，那么其调整的空间幅度就需要相较于针对浪有一定的比例，参照最小调整比例这一规律，不难认定底部横盘的M1浪、顶部横盘的W1浪的空间幅度相较于针对浪最少要达到0.236倍的比例下限。但是，在有关M1浪、W1浪空间幅度比例上限的思考中，对于M1浪、W1浪形态的空间上限是否应当有一致性的比例却很难通过理论演绎得出直接的结果，只能再次回到数据中，通过观察历史形态进行归纳。

可以做出如下推导：既然横盘是针对之前上涨或者下跌时空幅度的调整，那么其空间幅度相较于针对浪的空间幅度不应有过大的比例，如果空间调整比例过大，那么底部横盘就不是横盘，而是一个较大空间幅度的B浪；顶部横盘也不再是横盘，而是一个完整的下跌三波形态。根据最小中断比例规律，一个完整的下跌三波形态至少要达到之前上涨空间幅度的0.382倍，因此推断，顶部横盘的W1浪不得超过针对浪空间幅度的 0.382 倍。事实上，数据结果支持了上述猜想，对金融市场形态的回测证实了顶部横盘 W1 浪的上限为针对浪空间幅度的 0.382 倍。

接下来，对底部横盘 M1 浪的空间幅度上限比例进行类似的思考，但是，反弹过程中并不存在类似的中断比例，于是只能锚定一个接近 0.382 倍的比例，然后在金融市场历史数据中去验证。通过大量底部横盘形态数据的回测，得到底部横盘 M1 浪的空间幅度比例的上限为 0.5 倍。

通过逻辑演绎与数据归纳相结合可以得出这样的规律：底部横盘空间幅度范围为针对形态空间幅度比例的 0.236 ~ 0.5 倍，顶部横盘空间幅度范围为针对形态空间幅度比例的 0.236 ~ 0.382 倍。顶部横盘空间幅度之所以不得超过 0.382 倍，是因为横盘不能超越最小中断比例的幅度，这个调整工作应当由下跌趋势完成。当然，底部横盘在大级别熊市之后也很难达到之前针对浪 0.5 倍的空间幅度，其更多存在于 2 浪、4 浪这样的调整浪之后。

对于横盘 2 浪来讲，其空间上限的得出逻辑比较简单。回顾上涨趋势子浪比例，三波 3 浪、五波 5 浪相对于之前上涨的空间幅度只需达到 0.382 倍的下限。因此，顶部横盘 W2 浪上涨空间的上限即为 0.382 倍的针对浪，这是为了限制其向上发展成为上涨趋势子浪。而底部横盘由于 C 浪本身空间幅度必须至少达到之前下跌趋势的 0.618 倍，因此，底部横盘 M2 浪下跌空间的上限为 0.618 倍的针对浪。

接着思考横盘时间幅度的范围。由于存在空间优先假说这一思想，并且其在之前多个规律中都有鲜明的体现，因此，无论是顶部横盘还是底部横盘，可以推断，两者相较于针对浪都不存在时间幅度比例的下限。至于时间幅度比例的上限，可做出如下推断：从空间维度上来讲，横盘子浪不存在方向性；时间上的唯一方向只能是右侧运行，因此，在时间维度的计算中必须同时考虑整个横盘 W1 浪、W2 浪或者 M1 浪、M2 浪的整体时间幅度。另外，横盘趋势本身附属于一个针对浪，其在时间幅度上应当不能大于其从属的针对浪。金融市场中有关横盘趋势的数据证明了假设的正确性。可以确定，无论是底部横盘还是顶部横盘，两个子浪的总时间幅度不大于针对浪的时间幅度。但是，如果出现多个同一针对浪的并列横盘，并列横盘的总时间幅度可以超过针对浪的时间幅度。

最后再思考一个问题，那就是横盘趋势完成后，之后的趋势应当怎样运行，其时空幅度与横盘的时间幅度具有怎样的关系呢？显然，顶部横盘的结束意味着上涨趋势、横盘趋势的完结，那么之后必然是下跌趋势；底部横盘的结束意味着下跌趋势、横盘趋势的完结，那么之后必然是上涨趋势。关键在于，横盘之后的上涨或者下跌趋势的空间幅度必然不小于横盘的 1 浪空间幅度，而其时间幅度无须超越横盘的时间幅度。横盘之后的涨跌趋势在空间幅度上超越横盘理所当然，否则横盘就成了上涨趋势或者下跌趋势了，而在时间幅度上无要求也与空间优先假说相符。

图 7-3 展示了 2011 年 8～9 月标普 500 指数的底部横盘，其为针对五波 2 浪的横盘，其 M1 浪的反弹幅度达到下跌三波 2 浪的 0.5 倍。

图 7-4 展示了 2019 年 7 月恒生指数的顶部横盘，其为针对大级别 B 浪的横盘，W1 浪跌幅达到 B 浪空间幅度的 0.382 倍，横盘的总时间幅度等于 B 浪的时间幅度。

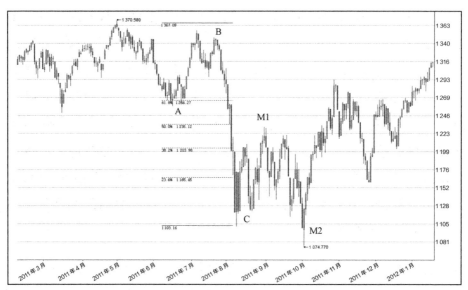

图 7-3　2011 年 8～9 月标普 500 指数的底部横盘

图 7-4　2019 年 7 月恒生指数的顶部横盘

7.3 横盘子浪时空比例

上一节探讨了顶部横盘与底部横盘相较于针对浪的时空幅度比例关系，本节将探讨横盘趋势内部子浪之间的空间、时间幅度比例关系。

对于横盘来讲，之前对横盘子浪空间幅度的探讨仅仅局限在 1 浪（W1浪、M1 浪）、2 浪（W2 浪、M2 浪）与针对浪的时空比较。对于子浪之间空间幅度的比例研究，虽然在上涨形态、下跌形态之中积累了大量的经验，但是横盘的两个子浪之间的关系很难套用推动浪、调整浪这样的逻辑关系。从观察的结果来看，底部横盘 M2 浪可以跌破 M1 浪的起涨点，而对于顶部横盘来讲，W2 浪也可以涨破 W1 浪的起跌点，这说明涨跌形态中的"推动浪–调整浪"的空间幅度比例体系在横盘趋势下并不适用。

对于横盘内部子浪的时空幅度比较，只能先从历史数据的归纳中去建立初步的范围，然后建立初步的假设，最后再用更多的数据去验证假设。

从观察的结果来看，底部横盘、顶部横盘两者都具有与之前针对浪不组成子浪关系的相似属性。另外，从横盘 2 浪空间幅度与横盘 1 浪空间幅度的关系思考，2 浪相对于 1 浪不能过小，否则这种横盘关系将成为另一个上涨或者下跌趋势初期的子浪，因此，2 浪超过 0.5 倍的 1 浪空间幅度也是一个合理的要求。通过对横盘趋势历史数据的比对，发现了这样的规律：底部横盘 2 浪的空间幅度相较于 1 浪空间幅度的比例范围是 0.618 ～ 1.618 倍，顶部横盘 2 浪的空间幅度相较于 1 浪空间幅度的比例范围也是 0.618 ～ 1.618 倍，两种横盘子浪内部空间比例范围是一致的。1.618 倍是怎样得出的？假如顶部横盘 W1 浪取 0.236 倍的针对浪空间幅度，则 W2 浪所取的 0.382 倍这个极限值正好是 W1 浪空间幅度的 1.618 倍。进一步思考，0.618 倍是怎样得出的？如果底部横盘 M2 浪空间幅度超过 M1 浪空间幅度的 0.618 倍，时间幅度超过 0.618 倍，则恰好超过双峰 2 浪时空范围的上限。

在横盘的数据归纳中发现，W2 浪时间幅度相较于 W1 浪时间幅度的上限超过了 3 倍，因此可以认定两者之比没有上限，或者说这种上限已经不存在预测价值。横盘子浪之间虽然在空间维度上具有确定的比例范围，但是在时间维度上无限制。

图 7-5 展示了 2021 年 12 月 WTI 原油期货的底部横盘，其中 M2 浪空间幅度为 M1 浪空间幅度的 0.618 倍。

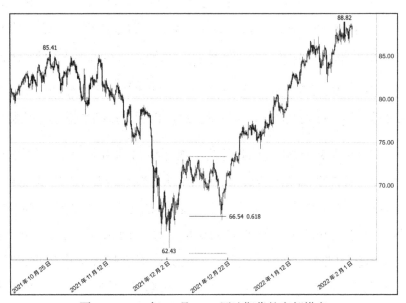

图 7-5　2021 年 12 月 WTI 原油期货的底部横盘

图 7-6 展示了 2018 年 2～9 月标普 500 指数的顶部横盘，其针对五波 5 浪，W2 浪涨幅超过了 W1 浪跌幅的 0.618 倍。

图 7-7 展示了 2019 年 7 月恒生指数的顶部横盘，其为针对大级别 B 浪的横盘，W2 浪时间幅度为 W1 浪时间幅度的 3 倍。

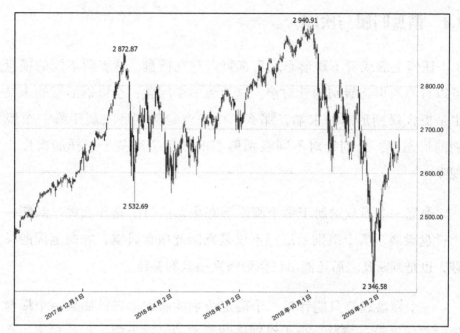

图 7-6 2018 年 2 ～ 9 月标普 500 指数的顶部横盘

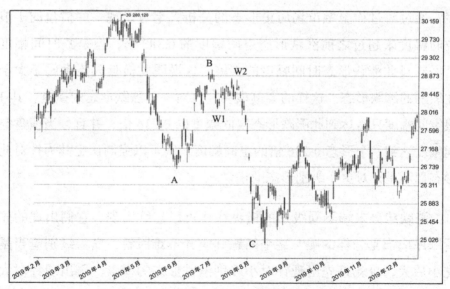

图 7-7 2019 年 7 月恒生指数的顶部横盘

7.4　横盘归属与次序

任何上涨或者下跌形态之后都可以存在横盘，这表明不同的横盘可以有不同形态级别的针对浪。这导致一个问题：小级别形态的末端也是更大级别形态的末端，那么一个横盘趋势到底隶属于哪一个级别的形态呢？分别针对不同级别形态的横盘应当基于怎样的次序出现呢？

确定一个横盘隶属于哪个涨跌形态级别的目的是什么呢？判断一个横盘隶属于哪个级别的形态不仅是判断此横盘时空、方向范围的关键，也是判断其之后还能出现何种级别横盘的关键。

一个横盘趋势只能针对一个确定级别的涨跌形态，如果一个横盘的时空幅度没有超过一个小级别涨跌形态的时空上限，却达到了一个大级别涨跌形态的空间上限，那么这个横盘到底应该怎样去划分归属呢？通过对过往金融市场历史形态的分析，笔者发现一些横盘的 1 浪空间幅度未超过之前涨跌形态空间幅度的 0.382 倍，但是其时间幅度已经超过此涨跌形态时间幅度的 1 倍，这说明此横盘只能隶属于大于此级别的涨跌形态。这样的案例表明，针对一个涨跌形态的横盘，其 1 浪空间幅度只需达到此涨跌形态空间幅度的 0.236 倍，并且，当横盘空间幅度达到一个形态 0.236 倍的空间幅度，则可以强制认定其为针对此形态而不是针对更小级别形态的横盘。

涨跌趋势末端不同级别的横盘往往可以连续出现，它们出现的先后顺序应当是怎样的呢？这个问题其实并不难回答，横盘级别应当是先小后大，也就是先出现针对小级别涨跌形态的横盘，再出现针对大级别涨跌形态的横盘，如果顺序颠倒，那么就无法划分针对大级别形态的横盘之后的横盘是针对小级别形态还是针对衍生横盘。

需要注意的是，大级别横盘的总体空间幅度必须大于小级别横盘。

图 7-8 展示了 2018 ～ 2020 年标普 500 指数的 3 个横盘，其中 w1 浪、w2 浪组成了针对 5 浪的横盘，W1 浪、W2 浪组成了针对 10 年牛市五波的横盘。

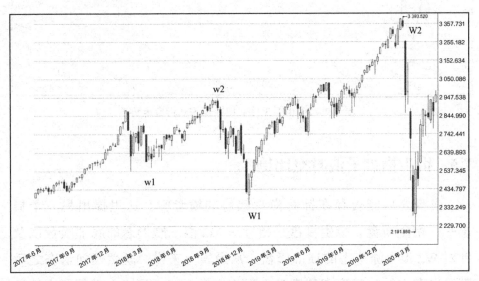

图 7-8　2018 ～ 2020 年标普 500 指数的 3 个横盘

图 7-9 展示了 2020 年 3 月下旬标普 500 指数的走势，图中对于两个横盘的判断是错误的，因为大级别横盘的总体空间幅度必须大于小级别横盘。

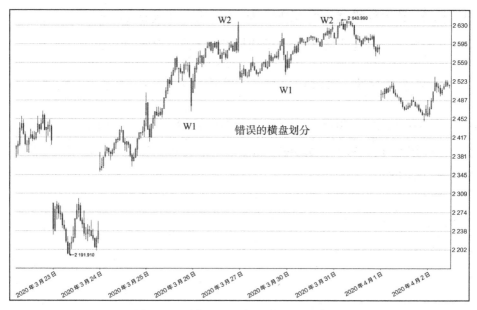

图 7-9　2020 年 3 月下旬标普 500 指数走势

7.5　衍生横盘子浪时空比例

　　横盘之后能否存在针对横盘趋势的横盘呢？这里提出另一个概念——衍生横盘。衍生横盘是指针对 M2 浪下跌形态的底部横盘以及针对 W2 浪上涨形态的顶部横盘。从逻辑上来讲，既然任何形态之后都可以存在针对其形态的横盘，那么横盘 2 浪作为一个遵循所有涨跌形态规律的趋势，其后存在横盘符合逻辑。

　　衍生横盘的针对形态是横盘的 W2 浪或者 M2 浪。针对 M2 浪、W2 浪的衍生横盘并未表现出与普通横盘不同的子浪时空比例特征。也就是说，衍生横盘子浪仍需遵循横盘时间与空间、横盘子浪时空比例规律所阐释的关系。

图 7-10 展示了 2018 ～ 2020 年纽交所综合指数的横盘，方框内为针对之前 10 年牛市的横盘 W2 浪，圆圈内为衍生横盘。

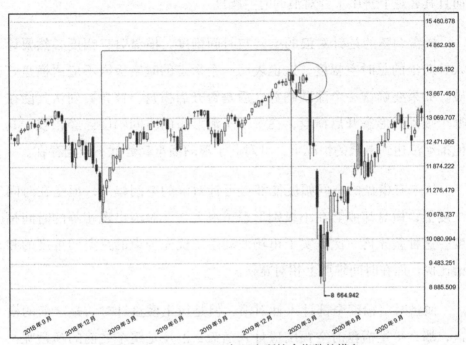

图 7-10   2018 ～ 2020 年纽交所综合指数的横盘

7.6   横盘与时空

横盘的时空幅度是否应当计算在上涨或者下跌形态之内呢？

回顾横盘的定义，其隶属于针对浪时间与空间位置的调整，横盘的时空幅度显然不能超越针对浪的时空幅度。横盘趋势虽然是上涨趋势、下跌趋势之外的第三种独立趋势，但是横盘本身却不能单独出现，其必须在上涨形态或者下跌形态出现后才能被定义。由于横盘本身的形态从属特性，横盘趋势所占据的时空幅度应当算在针对浪的时空范围内，也就是说，横盘本身的时间幅度、空间幅度不但不能被忽视，而且其客观上挤压了针对浪的时空幅度。

横盘调整的是针对浪的空间与时间维度，横盘时空幅度必然要计入针对浪的总时空幅度，这也表明一个形态的时空极限不应由横盘打破。如果要确认一个涨跌趋势之后是否开启横盘，首先要确认其能在哪个级别的形态开启横盘，在一个子浪形态的时间幅度已经相较于其他推动浪达到上限的情况下，针对此子浪的横盘趋势就不应当存在。

从未有横盘的空间幅度能够接近针对浪的空间幅度，但是在时间维度上，横盘却能够在小级别形态子浪上与针对浪出现相等的时间幅度。这种差异再一次证实了市场波动系统优先约束的是空间维度的和谐比例，而在时间维度上相对宽松。

横盘时空幅度全部计入针对浪，但是衍生横盘针对的是之前的横盘，那么衍生横盘时空幅度应计入横盘 2 浪还是整个之前的横盘呢？从逻辑上来讲，将衍生横盘时空幅度视为横盘 2 浪的一部分即可，因此衍生横盘应当同横盘一起影响针对浪的空间、时间。

总之，任何横盘的时空幅度都不应被忽略，其必须计入之前针对浪的涨跌时空当中，且不得打破形态子浪时空的幅度上限。

7.7　横盘与方向

第 6 章已经对上涨或者下跌形态的方向进行了研究，并得出上涨遵循筋线规律，而下跌遵循下跌平行线或者下跌支撑线规律。在这些规律中，考虑的是1浪、2浪、A浪、B浪等子浪的起点与终点。但是，当横盘这一组合形态出现在子浪的终点时，应当怎样去确认形态的终点呢？

当已经完成了形态、时空、方向的研究后，在涨跌趋势结束后画出形态的筋线、平行线或者支撑线是十分简单的，这样做一方面能够检验过往发现的规律的漏洞，另一方面可以看到一些之前未发现的规律。在横盘形态组合规律发现的过程中，通过对上涨形态与下跌形态中筋线、平行线或者支撑线的观察，笔者发现了一个很重要的规律，那就是无论顶部横盘还是底部横盘，其针对浪终点分为两种，一种是原有上涨的3浪或者5浪终点，或者是下跌C浪的终点，另一种是横盘的终点。

横盘趋势隶属于之前的形态而不是之后的形态。正如顶部横盘隶属于之前的1浪、3浪这样的推动浪，那么由2浪起点确认的筋线仍将基于2浪起点而不受1浪之后任何级别顶部横盘的影响，而针对2浪、4浪的底部横盘来讲，由2浪终点确认的筋线将受到针对2浪、4浪横盘的影响，从而增加了筋线方向的选择。

需要注意，横盘改变的是针对浪终点的选择（二选一）。三波、五波的终点应当考虑针对3浪或者5浪的横盘的两种终点选择，但是，针对整个三波或者五波的横盘将不会增加三波或者五波筋线的斜率选项。

图7-11展示了2009～2018年纽交所综合指数的五波与横盘，圆

圈内为针对 5 浪的横盘，其终点决定了五波的终点，而其后针对整个五波的横盘不影响整个五波筋线的方向选择。

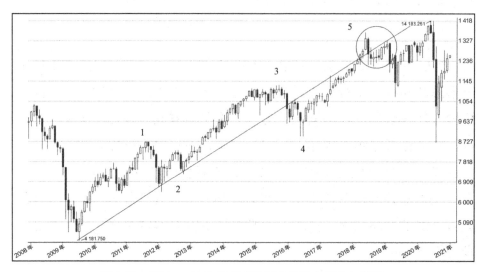

图 7-11　2009 ～ 2018 年纽交所综合指数的五波与横盘

同样的规律也发生在下跌趋势中。从历史形态观察中可以发现，下跌平行线、下跌支撑线可以在针对 A 浪或者 C 浪横盘的起点或者终点处确定。

图 7-12 展示了 2022 年 1 ～ 2 月标普 500 指数的 4 浪调整，可以看出，4-a 浪之后的横盘未影响 4-a 浪终点的选择。

图 7-13 展示了 2015 ～ 2016 年恒生指数的下跌三波，其中 A 浪的终点受到针对 A 浪的横盘影响，但是 C 浪的终点并没有受到针对 C 浪的横盘影响。

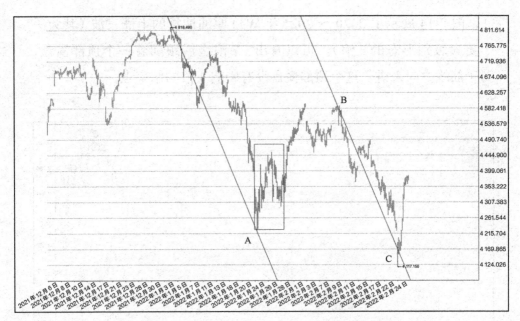

图 7-12　2022 年 1 ～ 2 月标普 500 指数的 4 浪调整

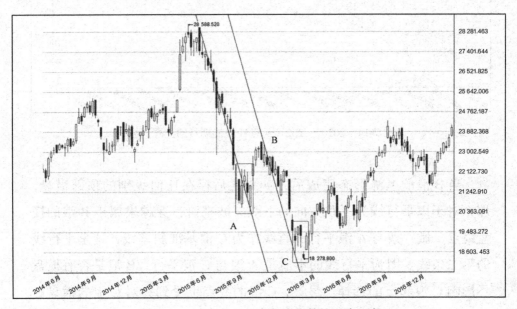

图 7-13　2015 ～ 2016 年恒生指数的下跌三波

　　图 7-14 展示了 2020 ～ 2021 年 WTI 原油期货的上涨三波（其为一个更大级别形态的 3 浪）。可以看出，3 浪之后跟随着一个顶部横盘，对于筋线方向来讲，这个顶部横盘没有影响 3 浪的结束点。

图 7-14　2020 ～ 2021 年 WTI 原油期货的上涨三波

　　当 B 浪的上涨形态完成后，如果之后存在任何级别的顶部横盘，那么对于以平行线为下跌方向的下跌三波来讲，穿越隶属于 B 浪的横盘终点，做一条与 A 浪平行的直线作为 C 浪基准斜率线，这是平行线的第二条线。因为平行线的本质是 A 浪与 C 浪平行，B 浪是否有横盘不影响 C 浪起点的选择。最终，C 浪的终点也受到针对 C 浪的横盘影响。需要注意的是，针对整个下跌形态的底部横盘与下跌形态是同级别关系，因此不会对下跌形态的平行线、支撑线的方向造成任何影响。

衍生横盘可视为横盘的一部分，就像横盘是针对浪的一部分，其应当同横盘一起影响针对浪的方向。

7.8 并列横盘时空关系

前文已经对横盘趋势的内涵、概念、时空范围以及对针对浪的影响进行了阐述，但是，还有一个疑问没有解决，那就是同级别横盘的时空关系是怎样的？在回答这个问题之前，首先要比较一下上涨形态与下跌形态之间的调整浪差异。

一方面，在上涨趋势中，2 浪调整的时间幅度一般只能达到 1 浪时间幅度的 0.618 倍，但是 B 浪调整的时间幅度却可以达到 A 浪时间幅度的 2 倍。可以看出，上涨趋势过程中对调整浪的约束远远大于下跌趋势，这就意味着上涨相较于下跌更加容易中断，导致形态前后不存在子浪关系。

另一方面，再来分析同级别横盘出现多次的可能性。由于横盘趋势的时间幅度要小于之前针对浪的时间幅度，当趋势需要在时间维度上继续调整时，横盘必须分割成多个更小时间幅度的横盘，这就使得同级别横盘出现多次成为一个必然的选项。

从以上两个方面来看，同级别横盘应该可以出现。由于下跌形态不容易被调整浪中断，而上涨形态更容易被调整浪中断，这使得顶部横盘由于首先出现下跌形态，其下跌后的反弹与之前的下跌更容易形成子浪关系。因此，顶部横盘趋势更加难以被中断进而形成第二个同级别横盘。就底部横盘而言，其首先出现上涨形态，之后的下跌调整很容易导致之后的上涨与之前的形态不存在子浪联系，这使得底部横盘更加容易出现同级别横盘。对历史形态的回测证实了理论演绎，数据显示，顶部横盘同级别最多出现过 2 次，而底部横盘同级别最多出现过 3 次。

接下来继续研究同级别并列横盘的时空特征。由于并列横盘针对同样的涨跌形态，所以两者应当在时空幅度上具有相似性，也就是说，第二个出现的并列横盘应当相较于第一个出现的并列横盘在时空幅度上具有相似性。针对并列横盘的进一步研究发现，并列横盘无须在时间维度上相似。时间维度上无约束并不令人意外，但是，并列横盘应当在空间维度上具有相似性，即空间幅度相差不超过 0.236 倍。

图 7-15 展示了 2007～2008 年日经 225 指数的下跌三波和之后的 2 个并列横盘，2 个横盘时间幅度之比超过 3，空间幅度相似。

图 7-16 展示了 2021 年上证指数的小级别 A 浪和之后连续 3 个并列横盘，3 个并列横盘的空间幅度相似，且总时间幅度超过了针对浪 A 浪。

图 7-17 展示了 2021～2022 年纽约商品交易所（COMEX）铜期货的顶部并列横盘，可以看到，针对之前五波形态的 2 个并列顶部横盘。

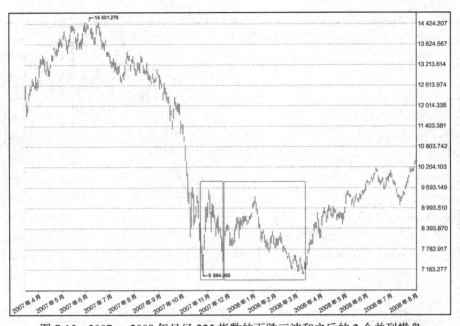

图 7-15　2007 ～ 2008 年日经 225 指数的下跌三波和之后的 2 个并列横盘

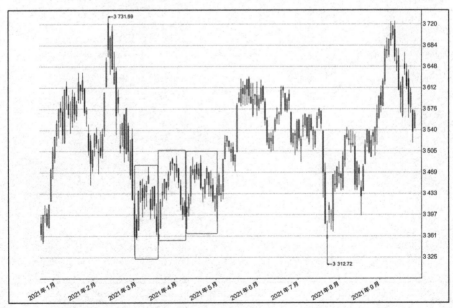

图 7-16　2021 年上证指数的小级别 A 浪和之后连续 3 个并列横盘

图 7-17 2021 ～ 2022 年纽约商品交易所铜期货的顶部并列横盘

第 8 章

三　角　形

在厘清了一波、三波、五波、下跌三波以及横盘的形态规律之后，观察其余形态所呈现出的波动异常发现，三角形是市场波动形态体系之中的最后一块拼图。

三角形一共有五个子浪，其中，a 浪、c 浪、e 浪的运动方向为下跌，b 浪、d 浪的运动方向为上涨。a 浪、c 浪、e 浪仍然是下跌三波形态，b 浪、d 浪可以是一波、三波、五波形态中的任意一种。

三角形并不是一个独立的下跌形态，而是一个上涨一波、三波、五波与下跌三波再次组合构成的形态，这与横盘相似。但是，三角形又不同于横盘，横盘是与上涨、下跌并列的三大市场波动趋势之一，从这个方面来讲，三角形既不是一个趋势，又不是一个形态，而仅仅是一个形态组合。

三角形所展示出的形态内涵为：其调整空间幅度已经于 a 浪到位，但调整时间幅度还未到位的市场状态。三角形呈现出子浪的空间幅度逐级递减的特征，这种逐级递减特征体现出了三角形的收敛性，这一特性恰好与下跌三波的扩张性相反，这也体现出了下跌趋势中的互补性。

需要指出，三角形的子浪空间幅度只能递减而不是递增，如果出现子浪空间幅度递增的扩张三角形，则表明市场在一个形态中有 5 次方向变化，这种没有方向性的趋势显然也不能称为一种形态。另外，三角形只能向下运动，三角形所体现出的内涵是市场缺乏合力而呈现出的无方向运行，而上涨趋势作为资金合力的运行内涵，显然不应走出三角形形态。

三角形作为调整浪没有打破上涨调整浪时间比例规律所阐述的调整浪时间幅度不超过针对浪时间幅度的 0.618 倍的约束。三角形并未破坏所有调整浪都应遵循的时空规律。

三角形的空间幅度不能大于更大级别的调整浪，但是时间幅度可以大于更大级别的调整浪。

8.1　三角形子浪时空关系

从空间维度上来讲，三角形的后浪空间幅度不能小于前浪空间幅度的 0.5 倍，不大于前浪空间幅度的 1 倍。考虑到三角形的收敛性特征，只有个别子浪的空间幅度比例才有可能接近 1 倍。

从时间维度上来讲，存在"涨 – 跌"形态关系的子浪的时间幅度比例上限为 1 倍。具体来讲，c 浪相对于 b 浪以及 e 浪相对于 d 浪的时间幅度比例不超过 1 倍。

图 8-1 展示了 2013 年 5 ～ 10 月日经 225 指数的三角形，可以看出，后浪相较于前浪空间幅度都超过了 0.5 倍，但都未大于 1 倍，且 c 浪相对于 b 浪以及 e 浪相对于 d 浪时间幅度比例都小于 1 倍。

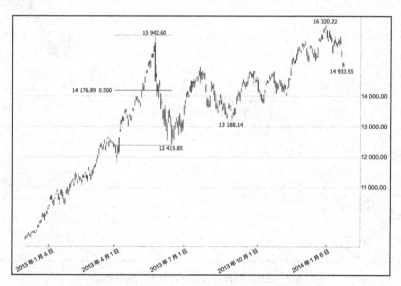

图 8-1 2013 年 5 ～ 10 月日经 225 指数的三角形

8.2 三角形下跌阻力线

在任意三角形中画出穿过三角形 a 浪起点与 b 浪终点的直线可以发现，三角形的终点必然在这条直线上。为了与上涨筋线相区别，本书称之为三角形下跌阻力线。

三角形看似缺少方向性，却在貌似漫无目的的运动中展现出严谨的波动规律，这种规律虽然并不经常在市场运行中展现，却组成了市场波动中最为复杂的下跌形态。

图 8-2 展示了 2013 年日经 225 指数的三角形调整，三角形的终点落在 a 浪起点与 b 浪起点的连线上。

图 8-2　2013 年日经 225 指数的三角形调整

8.3　三角形外部时空计算

三角形自身时空按照空间极值点、时间结束点计算。

对于一个形态，如何去计算其空间幅度与时间幅度呢？这个问题看似简单，却往往在一些特殊形态中会造成困扰。人们很容易认为要计算一个形态的空间幅度、时间幅度，只需计算起点与终点的幅度差即可，这种方法确实在大多数情形下都适用，也是在任何情况下计算时间幅度的方式。但是，当上涨、下跌形态出现3浪、C浪、e浪的空间位置相较于之前的推动浪没有创出新高或是新低时，应当怎样去计算形态的空间幅度呢？

一个形态空间幅度的确认，首先影响形态调整浪幅度与之前推动浪幅度的比例，其次影响与此形态空间幅度比较的其他子浪空间幅度的确认，最后影响接下来子浪空间幅度起点的确认。因此，一个形态的空间幅度确认并不仅仅关乎其自身幅度的衡量。

对于形态空间幅度应当是形态起点与终点的空间差（可称其为转势点）还是形态运行过程中所形成的最大空间差（可称其为极值点），需要在特殊形态的判定中去寻找答案。

如图8-3所示，三角形处在2浪位置，如果以转势点计算三角形的空间幅度，本形态可判定为弱三波，但是，此时的弱三波2浪调整已经超越了0.618倍的最大时间幅度比例上限。如果以极值点计算三角形的空间幅度，本形态可判定为双峰，此时2浪时间幅度虽然超过0.618倍的1浪时间幅度，但没有超过1倍，符合双峰2浪的时间幅度比例上限要求。3浪以转势点计算空间幅度。

在任何情况下，形态本身都以极值点计算空间，而之后的浪形均按照转势点计算空间。以极值点计算形态空间幅度，使得特殊形态能够更好地融入一般规律。对市场波动规律的总结，其目的是让这个理论体系更加简单、有效地描述现象所展现出的本质。当选择一个概念能够使得这个体系更为简洁、清晰时，应当毫不犹豫地选择它。

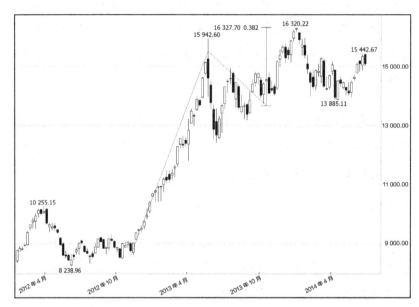

图 8-3　2012 ～ 2013 年日经 225 指数的双峰

8.4　三角形外部方向计算

三角形对更大级别形态的筋线方向有怎样的影响呢？只需把存在三角形调整浪的形态画出筋线即可解开这个疑惑。

作为调整浪的三角形，其更大级别形态的筋线并未遵循三波筋线规律穿越三角形的终点，实际上，它们穿越了三角形的极值点。也就是说，三角形作为调整浪，其 a 浪决定了所有筋线的位置。这一现象给出一些重要的启示：三角形 a 浪之后的调整是一种纯粹的时间调整，不但自身不再创出新低，而且 a 浪之后的 b 浪、c 浪、d 浪、e 浪调整并不直接影响更大级别形态的斜率。三角形并非为了降低上涨筋线的斜率而存在。

既然三角形的 a 浪决定了筋线的位置，那么筋线方向在三角形的 a 浪调整结束后就可以确认了吗？或许不是，因为只走出 a 浪时并不能确认即将出现的是三角形，三角形形态最迟在走出 e 浪后才能确认。

图 8-4 展示了 2013 年日经 225 指数的双峰，2 浪为三角形，其中筋线穿过了三角形 a 浪的终点。

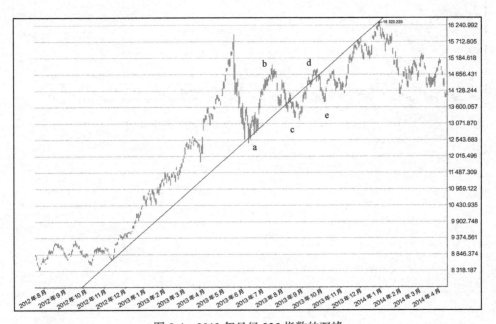

图 8-4　2013 年日经 225 指数的双峰

图 8-5 展示了 2021 年 2 ～ 4 月沪铜期货的三角形 4 浪，可以看出，在以 4 浪起点作为筋线确认点的情况下确认了 5 浪的运行方向，这条

筋线也是 3 浪的趋势运行方向。

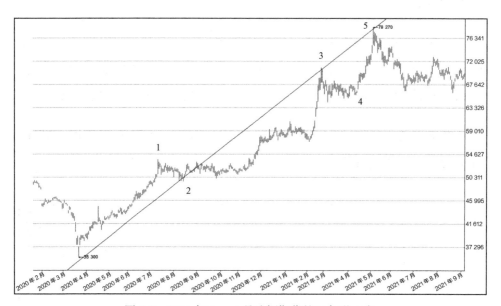

图 8-5 2021 年 2～4 月沪铜期货的三角形 4 浪

后　记

本书基于市场价格波动形态的视角，系统且科学地阐释了资产价格运动的规律性。

极大数量交易者的市场波动规律是一个客观性的存在，对客观性规律的诠释即使存在主观描述性偏差，也无须去怀疑市场波动的可预测性。

波浪可预测的原因可以归集为以下几点：

形态约束　当一个关键的空间或者时间比例被打破后，形态的属性将会被改变。

时空约束　因为形态存在空间约束、时间约束，所以市场波动才有结束的那一刻，才能预测拐点。

方向约束　筋线、平行线、支撑线和阻力线构成了形态的跨时空维度约束。

本书所涉及的波浪体系理论上可以预测任何符合要求的定价类资

产，前提是足够的市场容量和大量参与者，以及稳定的市场预期和整个体系的稳定性。当然，没有任何一个市场体系有着绝对稳定的系统，只是被破坏概率和难度的大小问题。

股市是一个最为稳定的资产价格波动系统，几乎没有任何常规事件能够破坏其当下系统的稳定运行。因此，本书大部分案例都选取股市指数作为案例。

债券虽然有到期时间，但是中长期国债期货主力合约连续价格呈现出了一种资产的连续价格波动。债券由于市场化的发行，其同品种新上市产品也不会轻易破坏市场价格的稳定性。另外，由于债券市场的体量媲美股市，中长期债券价格波动所展现出的规律性足够稳定。

并不是所有商品期货都存在规律性的波动，但是，有些商品（如原油、铜等全球性大宗商品）的波浪规律性甚至不亚于股市指数。但要注意，那些换月价格非连续的商品（如地区性产品以及季节性影响较大的水果或者粮食）期货几乎没有遵循波浪规律。期货应根据连续价格（主连）进行波浪形态判断，因为其在同类品种中代表市场上最活跃的标的，所以它是同类品种最符合波浪理论的标的。

大部分外汇不符合波浪规律，但有一个例外——美元指数。美元本身可看作其他货币对"美元商品"的定价。

在今后的日子里，希望能与本书读者携手，继续挖掘金融领域中的更多知识宝藏。

推荐阅读

序号	中文书名	定价
1	股市趋势技术分析（原书第11版）	198
2	沃伦·巴菲特：终极金钱心智	79
3	超越巴菲特的伯克希尔：股神企业帝国的过去与未来	119
4	不为人知的金融怪杰	108
5	比尔·米勒投资之道	80
6	巴菲特的嘉年华：伯克希尔股东大会的故事	79
7	巴菲特之道（原书第3版）（典藏版）	79
8	短线交易秘诀（典藏版）	80
9	巴菲特的伯克希尔崛起：从1亿到10亿美金的历程	79
10	巴菲特的投资组合（典藏版）	59
11	短线狙击手：高胜率短线交易秘诀	79
12	格雷厄姆成长股投资策略	69
13	行为投资原则	69
14	趋势跟踪（原书第5版）	159
15	格雷厄姆精选集：演说、文章及纽约金融学院讲义实录	69
16	与天为敌：一部人类风险探索史（典藏版）	89
17	漫步华尔街（原书第13版）	99
18	大钱细思：优秀投资者如何思考和决断	89
19	投资策略实战分析（原书第4版·典藏版）	159
20	巴菲特的第一桶金	79
21	成长股获利之道	89
22	交易心理分析2.0：从交易训练到流程设计	99
23	金融交易圣经II：交易心智修炼	49
24	经典技术分析（原书第3版）（下）	89
25	经典技术分析（原书第3版）（上）	89
26	大熊市启示录：百年金融史中的超级恐慌与机会（原书第4版）	80
27	敢于梦想：Tiger21创始人写给创业者的40堂必修课	79
28	行为金融与投资心理学（原书第7版）	79
29	蜡烛图方法：从入门到精通（原书第2版）	60
30	期货狙击手：交易赢家的21周操盘手记	80
31	投资交易心理分析（典藏版）	69
32	有效资产管理（典藏版）	59
33	客户的游艇在哪里：华尔街奇谈（典藏版）	39
34	跨市场交易策略（典藏版）	69
35	对冲基金怪杰（典藏版）	80
36	专业投机原理（典藏版）	99
37	价值投资的秘密：小投资者战胜基金经理的长线方法	49
38	投资思想史（典藏版）	99
39	金融交易圣经：发现你的赚钱天才	69
40	证券混沌操作法：股票、期货及外汇交易的低风险获利指南（典藏版）	59
41	通向成功的交易心理学	79

推荐阅读

序号	中文书名	定价
42	击败庄家：21点的有利策略	59
43	查理·芒格的智慧：投资的格栅理论（原书第2版·纪念版）	79
44	彼得·林奇的成功投资（典藏版）	80
45	彼得·林奇教你理财（典藏版）	79
46	战胜华尔街(典藏版)	80
47	投资的原则	69
48	股票投资的24堂必修课（典藏版）	45
49	蜡烛图精解:股票和期货交易的永恒技术（典藏版）	88
50	在股市大崩溃前抛出的人：巴鲁克自传（典藏版）	69
51	约翰·聂夫的成功投资（典藏版）	69
52	投资者的未来（典藏版）	80
53	沃伦·巴菲特如是说	59
54	笑傲股市（原书第4版.典藏版）	99
55	金钱传奇：科斯托拉尼的投资哲学	69
56	证券投资课	59
57	巴菲特致股东的信：投资者和公司高管教程（原书第4版）	128
58	金融怪杰：华尔街的顶级交易员（典藏版）	80
59	日本蜡烛图技术新解（典藏版）	60
60	市场真相：看不见的手与脱缰的马	69
61	积极型资产配置指南：经济周期分析与六阶段投资时钟	69
62	麦克米伦谈期权（原书第2版）	120
63	短线大师：斯坦哈特回忆录	79
64	日本蜡烛图交易技术分析	129
65	赌神数学家：战胜拉斯维加斯和金融市场的财富公式	59
66	华尔街之舞：图解金融市场的周期与趋势	69
67	哈利·布朗的永久投资组合：无惧市场波动的不败投资法	69
68	憨夺型投资者	59
69	高胜算操盘：成功交易员完全教程	69
70	以交易为生（原书第2版）	99
71	证券投资心理学	59
72	技术分析与股市盈利预测：技术分析科学之父沙巴克经典教程	80
73	机械式交易系统：原理、构建与实战	80
74	交易择时技术分析：RSI、波浪理论、斐波纳契预测及复合指标的综合运用（原书第2版）	59
75	交易圣经	89
76	证券投机的艺术	59
77	择时与选股	45
78	技术分析（原书第5版）	100
79	缺口技术分析：让缺口变为股票的盈利	59
80	预期投资：未来投资机会分析与估值方法	79
81	超级强势股：如何投资小盘价值成长股（重译典藏版）	79
82	实证技术分析	75
83	期权投资策略（原书第5版）	169
84	赢得输家的游戏：精英投资者如何击败市场（原书第6版）	45
85	走进我的交易室	55
86	黄金屋：宏观对冲基金顶尖交易者的掘金之道(增订版)	69
87	马丁·惠特曼的价值投资方法：回归基本面	49
88	期权入门与精通：投机获利与风险管理（原书第3版）	89
89	以交易为生II：卖出的艺术（珍藏版）	129
90	逆向投资策略	59
91	向格雷厄姆学思考，向巴菲特学投资	38
92	向最伟大的股票作手学习	36
93	超级金钱（珍藏版）	79
94	股市心理博弈（珍藏版）	78
95	通向财务自由之路（珍藏版）	89